ゼロから始める繁盛店のつくり方

畠山央至《はたけやま・ひさし》

あさ出版

はじめに

突然ですが、質問です。次のどれか一つでも、あなたに当てはまるものはありますか？

□新しいことに挑戦したいと思っても、不安でなかなか行動に移せない
□頭の中ではあれこれ考えているのに、最初の一歩を先送りしてしまう
□何をやってもたいして続かず、鳴かず飛ばずで終わってしまう

私は、この三つ、全て当てはまります。

どれも当てはまらないという方には本書は不要だと思われますので、ここで本を閉じていただいてもよいのですが、もし、あなたがどれか一つでも当てはまる方であれば、お役に立てることをお約束します。

結論として、このようなダメ癖を抱えていても、理想の自分を手に入れること、理想の人生を手に入れることは可能です。

ただ、精神論や「考え方を改めましょう」みたいなことではありません。

そういった内容は、ごもっともなことばかりなのですが、考え方自体を変えるというのは難しく、なかなか自分のものにできません。

ダメ癖の持ち主であっても、**具体的な行動レベルで、あることを取り入れれば解決が可能**なことを、私の経験を通してお伝えしたいと思います。

はじめまして。畠山央至《はたけやまひさし》です。

私は２０２０年10月に東京の五反田にラーメン屋・麺屋彩音《めんやさいん》をオープンし、２０２１年12月発表の「ミシュランガイド東京 ２０２２」でビブグルマンに選出していただきました。

また、飲食店のコンサルティングもしており、おかげさまでどのお店も繁盛店になりました。

例えば新橋の飲食店様は、飲食業界の有名雑誌の「2022年注目の店」に、開店から僅か3ヶ月で選ばれました。料理もお酒も本当に美味しいと喜ばれています。

そのお店の料理長はどんな経歴なのかというと、元看護師です。

人気店、一流店はおろか、飲食店で修業したことが全くありません。

そして、今はこのような結果を出している私が元々どんな人間だったかというと、

・ビビリでなかなか行動に移せない
・始めたことのほとんどはモノになるほど続かない

と、ダメダメでした。

本書で披露させていただいておりますが、数々のビビリエピソード、行動に移せないエピソード、続かないエピソードを、コレクターのごとく持っています。

では、そんな私が、なぜ1年でミシュランのビブグルマン獲得、元看護師が料理長のお店を開店3ヶ月で人気店にするといった結果を出すことができたのでしょうか？

そのカギは、「真似ること」。

ラーメン屋については、尊敬する一流店の方々からたくさん勉強させていただき、学んだことを徹底的に形にすることから取り組みました。

スープや麺やトッピングの作り方はもちろんのこと、寸胴《ずんどう》などの調理器具の選定、SNSの活かし方などなど。

また、新橋の飲食店は、メニュー開発において世の中の人気商品をピックアップして徹底的に研究、再現、そこにほんの少しのアレンジを加えることで新しい看板商品を生み出しました。

そうやって生まれた看板商品を、とにかく完璧に作れるように、料理長に頑張ってもらいました。

飲食店の商品は全てが人気商品である必要はなく、一つ、もしくはいくつかの人気商品が集客を支えます。とにかくそこを徹底的に押さえることで、お客様に喜んでいただく十分な肝をつくれたわけです。

仕事の成果を出したい、自分の武器を持ちたい、プライベートで何かを身につけたい、何かで一定のレベルに到達したい、英語を覚えたい、体を鍛えて理想の体になりたい、などなど、そんなふうに思うことは誰もが一度や二度経験していると思います。でも、頭にはあるのだけどなかなか行動に移せない。始めてはみたものの、思ったような結果が出ずに続かずやめてしまう。


そんなことはありませんか？

はい、私がまさにそうでした。

ぼんやり考えただけで終わらせたり、続かずにいつの間にかやらなくなったり、そんなことは数知れず。

そんな私が、新しい分野で前述のような成果をつくり出すことができた理由を本書でお話しさせていただきます。

同じような想いを抱えている方々が何か新しいことを始めるきっかけになり、それをやり抜いて、理想の人生を手に入れるためのお役に立てれば幸いです。

CONTENTS

第2章 なぜ続かないのか？

CONTENTS

第3章 真似ることが全てを解決する

第4章
真似るための心得

CONTENTS

第5章 繁盛店のつくり方

第1章

なぜ行動に移せないのか？

How to create a
prosperous store
starting from scratch.

01

01

How to create a prosperous store starting from scratch.

分からないことって、なんだか怖い

分からないことって、なんだか怖くないですか？


いきなりですが、私は何を隠そう、生粋のビビリです。

私は埼玉県の生まれで、両親と四歳上の兄と私の四人家族の家で育ちました。

実家は二階建ての一軒家で、一階には両親の部屋と台所、お風呂場、トイレがあり、二階には私の部屋と兄の部屋があります。夜は自分の部屋で寝るわけですが、トイレに行きたくなると、階段を下りて、両親の部屋の前を通り、台所を抜けたところにあるトイレに行く必要があります。

小さい頃は、夜中にトイレに行くのが、毎回怖くて仕方ありませんでした。お化けを想像してしまうからです。階段を下りて廊下を曲がったところにお化けが立っているんじゃないか⁉　トイレの引き戸を開けたらお化けが出てくるんじゃないか⁉　想像はどんどん膨らむ一方でした。帰りも同じです。これ、しなければいい想像だと頭では分かっているのですが、どうしてもやめられない。毎回ドキドキしながら、トイレに向かっていました。

お化け繋がりでもう一つカミングアウトすると、お化け屋敷には、43歳の今も入れません。

私は、ガタイが良くて、一見遊び人風の、男くさい風貌のおっさんです。

でも、怖いものは怖いのです！

私のお化けに対する恐怖心をカミングアウトさせていただきましたが、お化けというなんだか得体のしれないもの、いつどこに出てくるのか分からないものというのが、私を怖がらせたポイントなのだと思います。

お化けがいつどこに出てくるのか分かっていたら、逆にいつどこに出てこないかが分かっていたら、何も怖くないわけです。

お化け屋敷に至っては、こういうと身も蓋もないですが、お化けはお仕事で頑張っているどこかのお兄さんやお姉さん、あとは人が作った造形物なわけです。でも、おどろおどろしい姿で突然暗闇に現れると、やっぱりびっくりしてしまいます。

こうやって掘り下げてみると、お化けというもの自体が怖いというより、その存在によって自分が何かしらの被害を受けるかもしれないことが怖いのだと思います。

人は誰でも強弱はあれど自己防衛本能を持っているということですので、自分が被害を受けるのは避けたいと、本能的に考えるのだと思います。

これは、新しいことを始めるときにも当てはまります。

「始めた先にどんな体験が待っているのか？」

それは未知数なことだらけです。

もちろんそれに対するワクワク感もあるとは思いますが、なかなか行動に移せない人の頭の中ではそれを上回るくらいの怖さがあり、ネガティブな想像を膨らませてしまうから、なかなか最初の一歩が踏み出せない。

分からないことに対する恐怖心については、他にも思い浮かぶことがあります。

大学に入るとき、私は不安で仕方ありませんでした。

大学は千葉大学の工学部、電子機械工学科に入りました。

進学先を選ぶ段階で、あまりこれといってしたい勉強がなく、困った私はせめて社会に出た後に食いっぱぐれないようにしようと思い、それが叶う職業に繋がる勉強は何かと、兄に相談しました。

そこで兄が提案してくれたのが、電機メーカーに行くこと、そのために電気系の勉強をすることでした。

今思えば、兄は四歳上なのでこのときまだ大学四年生で、社会に出ていませんでした。卒業後、大手電機メーカーに就職し、今もそこで働いていますので、自分が興味を持って選んだ業界を、私に勧めていただけなのでしょうね（笑）。

そんなこんなで私は千葉大学工学部電子機械工学科に通うことになったわけですが、問題は時間割です。小学校、中学校、高校は、学校が決めた時間割がありました。

ところが大学は、必修の授業もありますが、自分で選択する授業もあり、時間割を自分で組み立てなければいけません。

「受ける授業を自分で選ぶってどういうこと？」

と思いました。〈単位〉という制度も意味不明でしたし、自分のクラスや部屋があるわけでもなく、授業ごとに自分が部屋を移動するというのも難しそう。

ビビリな私は、何か間違えて取らなければいけない授業を取り忘れて留年したらどうしようとか、取った授業が難しすぎて全然ついていけなかったらどうしようとか、めちゃくちゃ受講人数が少なくて先生とマンツーマンだったらどうしようとか、どうでもいいことをあれこれ考えてしまいました。

不安を少しでも解消するにはみんなに合わせることだと思い、周りの人に聞きたいのですが、知らない人ばかりで、その勇気が出ません。

結局、不安でいっぱいになりながら、大学生活をスタートさせました。


高校生の私からすると大学生活というのは大人への一歩のような感覚があり、キャンパスライフへはポジティブな期待もあったのですが、最初はネガティブな不安の方が圧倒的に強かったです。

この体験もお化けと同じく、大学生活が「分からない」から怖いというよりも、授業についていけなくなるのでは？　とか、システムを理解していなくて留年してしまうのでは？　とか、そういう問題が起きてしまうことが怖かったのだと思います。

結局、実際にお化けに取り憑かれたわけでもありませんし、システムが分からずに留年しかけたわけでもありません。

大学での授業を選んで単位を取るというシステムも、そんなに難しいものではないですよね。努力が足りずに留年する人はちょくちょくいると思いますが、そのシステムを理解できずに留年したなんて話は、聞いたことがありません。

つまり、**分かってしまえば簡単なことでも、分からないとネガティブな想像を肥大化させてしまう**のです。

これが新しいことを始めるときによく起きることで、起きかねない問題や被害を実態の何百倍も肥大化させてしまうから、最初の一歩が重くなってしまうのでしょう。

そんな大学生活を終えて、無事に就職することになるのですが、このときはもっと不安でした。

会社で働くってどんな感じ？　何が求められるの？　やっていけるのか？　めちゃくちゃ怒られるんじゃないか？　取引先からの電話とか怖い。分からないことだらけだし、月に20万円以上のお金をもらうというのは学生時代から考えるととても大きい金額で、そうなると相応に求められることがあるし、果たさなければいけない責任があるわけで……！

そんなことを考えると、もう恐怖でいっぱいです。ネガティブな想像が肥大化して、頭を埋め尽くします。

実際、取引先からの電話を取るのが嫌で仕方なかったです。どう対応していいか分からなかったらどうしよう、下手なことを言ってしまってトラブルになったらどうしよう……。

そんなある日、取引先から一本の電話がかかってきて、先方が、
「株式会社○○の△×◆◎※です。☆☆さんいらっしゃいますか？」
とおっしゃいました。
会社名と誰宛の電話なのかは分かったのですが、お名前が全く聞き取れなかったの

です。すぐに失礼を承知で聞きなおし、耳をダンボにして聞いたところ、やはり「△×◆◎※です」としか聞こえない。絶望しました。全く聞き取れない。どうしよう。ビビリな私は、不安でいっぱいでした。そして意を決し、勇気を出してもう一度だけ聞きなおすことにしました。「△×◆◎※です」……終了です。もうどう考えても聞きなおせません。このまま電話を繋いだら、怒られるのではないか？　でも、やるべきことは一つ。

先方が指定された先輩に繋ぎ、びくびくしながら、

「株式会社○○の方なんですが、お名前がどうしても聞き取れず、すみません……」

と伝えました。

その結果、先輩から驚きの一言が返ってきました。

「あー、なら○○さんだ。俺もいつも聞き取れないんだよね～」

なんと、滑舌が悪く、よく聞き取れないことで有名な方だったようです。

話を戻しますが、やはり、分からないことって怖いと思うんです。

脳科学についてそれほど詳しくはないのですが、どうやら脳には楽をしたい習性が

あるようで、変化や想定できないことに対しては積極的になりにくいのだとか。そしてやらない理由を探す。それがネガティブな想像です。

もしかしたら、ネガティブな想像をしてしまうから新しいことへの一歩が出ないのではなく、変化が嫌だから一歩を出したくなく、そのためにネガティブな想像をしているのかもしれません。


私がラーメン屋にチャレンジするときも同じでした。

私は、システムエンジニアとして企業に勤めていました。

そして2年目の冬を迎えた頃、のちにビジネスのメンターとなるKさんとの出会いがあり、それをきっかけに、システムエンジニアの仕事と並行して起業の勉強と準備をして、物販関係のビジネスで独立しました。

それから数年後にKさんと一緒に飲食事業にも参入し、飲食店型のレンタルスペース、オムライスがメインの飲食店、イタリアンレストランの経営などに携わるようになりました。

このように、店の経営ということ自体は経験してきていましたが、ラーメン屋をやるのは生まれて初めてです。

食べる側としてなら、ラーメンは学生時代から好きで、オタクと呼べるほどではないですが、埼玉県、千葉県、東京都を中心に食べ歩いていました。

ただ、食べるのと作るのは全然違いますし、ましてやお客様からお金をいただくとなると、別次元です。

ラーメンは需要ものすごくありますが、その分お店の数もとんでもなく多い。その中で勝ち抜いていくためには、並々ならぬレベルが必要になってきます。

本書の第3章で詳しく触れますが、最初の一歩を踏み出すまでには、不安と恐怖が入り交じっていました。

「群雄割拠《ぐんゆうかっきょ》のラーメン界で通用する味が作れるのか？」

「星の数ほどあるラーメン屋の中で、自分の店に来てくださるお客様はどれだけいらっしゃるのか？」

「食べたお客様は、リピートしたくなるのか？」

「閑古鳥が鳴いて、毎日ガラガラの店内だったらどうしよう」

「収支が回らず赤字を垂れ流したらどうしよう……」

と、ネガティブな想像がどんどん膨らんでいきました。

もちろん期待もあるのですが、期待と不安と恐怖が入り交じった状態でした。

これは、飲食のコンサルティングをするときも同様です。

自分の経験はなかなかなものだという自負がありますし、コンサルティングとしてお手伝いをさせていただくときは自信をもって携わっているのですが、実際にオープンして繁盛するまでは安心できませんし、ネガティブな想像や怖さを感じるのも事実です。

始められない理由 01

分からないことには怖さを感じて、ネガティブな想像を膨らませてしまう。

02
How to create a prosperous store starting from scratch.

失敗が怖い

他にも、私が体験してきた行動に移せない経験と理由をいくつかお話ししていきたいと思います。

その一つが、失敗が怖いということ。

私は失敗したくない、怒られたくない、嘲笑されたくない、醜態をさらしたくないという気持ちが強い人間で、これは今も変わりません。

なんとか失敗しないようにしたい、怒られないようにしたい、嘲笑されないようにしたい、醜態をさらさないようにしたいという気持ちが、場面場面でムクムクッと出てきます。

実は私、スターバックスに初めて行くまでに、だいぶ時間がかかった人です。

なぜかって？　それは、レジで注文をして、ランプの下で受け取る、というシステムがよく分からなかったからです。そんなことで？　と思うかもしれませんが、本当なんです。

しかも、スターバックスってオシャレなイメージがあるじゃないですか。出始めの頃はなお一層そのイメージが強く、私が想像したのはこんな感じです。

オシャレな店でオシャレな店員さんがいて、オシャレなお客さんがオシャレにサラッと注文していて、オシャレなランプの下でオシャレな店員さんがオシャレに商品を出して、オシャレなお客さんがそれをオシャレに受け取って颯爽と立ち去っていく。その後ろ姿はもちろん、オシャレ。

そんな状況を想像してしまった私には、もうスターバックスは、生半可な気持ちでは行けない場所になりました。

「レジでの注文は難しくないだろうか？　カスタマイズとかどうすればいいの？　お

どおどしたらオシャレな店員さんにも後ろに並んでいるオシャレなお客さんにもウザがられないか？　ランプの下で受け取るとか、どうやって受け渡しするんだろう？　間違えてオシャレな店員さんに迷惑がられたらどうしよう……」

私の頭の中は、そんな感じです。

失敗や叱責や嘲笑や醜態をさらすことが、怖い。

私の勝手なイメージですが、日本人はどう見られているか、どう思われているかを、過剰に気にする傾向があるように思います。

別に海外生活をしたことがあるわけでも外国人の友人が多いわけでもないので、海外の実態と比較してのことではないのですが、私も含めてそういう傾向があるように感じます。

ちなみに私の顔は、どの国に行っても現地の人感が妙にあるといわれています（笑）。

失敗の何が嫌なのか？　を考えてみると、こういう人の目というのが実は大きいように感じます。少なくとも、私にとっては大きいです。

日本人は、自分の想いや考えをうちに秘めて、外に出さないことがありがちだと思うんです。

詳しくないので適当なことはいえませんが、日本の教育がそういう傾向なのかな、と思ったりもします。

日本では団体行動や全体の意向に沿うことが大事とされていて、個人の意思よりも全体の意向を尊重すべき、そこに合わせることが正しいことだという風潮がある気がしています。

人間関係においても、自分の考えに正直でいることよりも、場に合わせること、場の空気を読むことが重視されているように思います。

私がまさにそういうタイプなので、私から見える世界がそうなっているのかもしれないのですが、そこを差し引いても、そういった傾向があるのではないでしょうか。

ただ、別の側面においては、チームプレーができてチーム力を発揮しやすかったり、組織のために献身的になれることが組織を機能させる上ではとても役に立ったり、他人が何を思っているか想像したり慮《おもんぱか》ることで円滑な人間関係を築けたり、海外から称賛され、日本人としても誇れる部分になっていると思います。

とても大事なことではありますが、新しいことを始めるときには、失敗への恐れとなってブレーキになりがちです。

私のメンターが、以前にこんな話をしてくださいました。

「太った身体を引き締めたい、いい身体にしたいと思っている人がいて、それならプールに行くといいと勧めると、『いい身体になったら行くよ』という返事が返ってくるんだ」

太った身体だから痩せて引き締めたいのですが、そのためにプールに行くと、引き締まった身体の人たちがたくさんいるのを想像してしまい、そこでは嘲笑の眼で見られるんじゃないか、心の中で馬鹿にされるんじゃないか、そんなネガティブな想像が膨らんでしまう。

身体を引き締めるために行った方がいい場所なのに、身体が引き締まっていないと行けないと思ってしまう。

新しいことを始めたくても、うまくできないこと、失敗することを想像すると、それによって人にどう思われるのかが気になって、ネガティブになってしまうものです。

私も、今でも失敗に対する怖さはあります。失敗という結果を大きく捉えてしまっているのだと思います。漠然となんですが、何かとんでもなく悪いことと思っている。具体的に考えているわけではないのに、何かものすごく避けたいことになっている。

斎藤一人《ひとり》さんが、人生は平均台の上を歩いているようなものだ、というお話をされていました。

学校では、レールの上から絶対はずれちゃいけないよみたいなことを教えられるけれど、平均台から落ちたらどうなるのか？　そこには地面があるだけで、死ぬわけでも骨が折れるわけでもない。そして用意された平均台の上を歩くより、もっと自由にいろんなところへ行ける……。

本当に、その通りだと思います。

頭では分かっていても、ビビリはビビリなもので、何かチャレンジするときには失敗への怖さはあるわけですが、このお話を思い出すと、少し勇気が湧きます。

始められない理由

02

失敗したくない、怒られたくないという気持ちが強い。

「03 How to create a prosperous store starting from scratch.」

自信がない

次はこれです。

自信がない。

第2章で詳しくお話ししようと思いますが、私は何かと「続かない」ことが多いのです。

ギター、ダンス、英語の勉強、筋トレ、ダイエットなどなど……、始めたけれど中途半端に終わったことは多岐にわたります。

中学、高校、大学時代と、ずっと「うまくなりたい」と思いながら、結局鳴かず飛

ばずで終わったのがギターです。中学のとき、兄がどこからか調達してきたアコースティックギターを練習したのを覚えています。当時流行っていた藤井フミヤさんの「TRUE LOVE」、スピッツさんの「ロビンソン」といった曲を練習していました。

スラスラとカッコよく弾けるようになりたいと思いながら、これがなかなか難しい。理想と現実のギャップに嫌気がさして、いつのまにかギターを触らなくなりました。

高校、大学で周りの友人に影響され、エレキギターを買って再度挑戦しましたが、これまたまともに弾けるようになることもなく、ギターは部屋のオブジェになりました。

一方、某テレビ局でゴールデンタイムにやっていたダンスバトルを見て、ダンスを踊れるようになりたいと憧れましたが、これも、まぁ続きませんでした。

なんとかボックスステップとウェーブくらいはできるようになったのですが、そこまででした。

当時流行っていたブレイクダンスの、手を床についてぐるぐる回ったりするのに憧れたのですが、見よう見まねでやったら手首がグキッ！　と音を立て、終了です。

また、英語を流暢に喋れたらどれだけカッコいいことかと（これは今でも思っているのですが）、英字新聞を読もうとしてみたり、映画を英語字幕で観てみたり、最近では英語のスピーチ動画をYouTubeで速度を落として観てみたり、どれも見事なまでに、まぁ続きません。

そして筋トレとダイエット。
男子はみんなモテたいですよね。私も当然モテたい。それは今でも変わりません。そのためには、やはり程よくコケた頬と引き締まった身体ですよね。
本当にモテるのは、実は中肉中背なんて言われますが、やはり男たるものビシッと引き締まった身体でありたい。そう願い続けてもう30年ほど経ち、数々の筋トレとダイエットを失敗に終わらせてきました。その経験だけで本がもう一冊書けそうです。さまざまなダイエット法の知識なら、星の数ほど持っています。

第2章では、私が編み出した代表的なダイエット方法を二つご紹介させていただきます。もちろん、どちらも続かなかったわけですが（笑）。

趣味はダイエット、特技はリバウンド！　なんてうまいことをいって笑いを取る方がいますが、ちょっと待ってください。よく考えてみてほしいんです。それ、一旦ダイエット成功してますよね。リバウンドは、ダイエットを成功させた人にしかできないことですから。

私はそもそもダイエットが成功しないので、リバウンドするチャンスすら、ありません。

こうした失敗経験が続くと何が起きますか？　そうです。自信がなくなります。

そして自信がないと何が起きるか？　それは、新たに何か始めようと思ったときに、こんな言葉が脳裏を駆け巡るのです。

どうせまた続かないんじゃないか？

モノになるまでやり抜けないんじゃないか？

始めたものの鳴かず飛ばずで終わり、またガッカリを味わうだけじゃないか？

こうして、自分は続けられない人だ、モノにできない人だ、そういうネガティブなレッテルを自分に貼ってしまいます。こうなってしまうと、もうそういう未来しか想像できません。

そこで思うんです。ギターができる人、ダンスがうまい人、英語がペラペラな人、引き締まった身体を手に入れている人は、みんな自分と違ってコツコツ努力できるタイプの人なんだ。自分はそういうタイプじゃないからできないんだ。

いろんなことをそうやって片付けてきました。「タイプ」に責任を全面的に押し付けて、いかに仕方ないことなのかを考え始めるんです。

このレッテルが一度貼られてしまうと、なかなか行動に移せません。どうせモノにできないなら無駄な時間を過ごすことになる、それなら別のことに時間を使った方がいいんじゃないかと言い訳を始めて、今のまま何もしないという楽な方へ、流されていきます。

失敗体験と成功体験は、新たな行動を起こすときにものすごく影響します。

これもメンターのKさんが教えてくださったことですが、「信念の法則」というものがあります。

明日太陽が昇るか昇らないかという賭けがあったとしたら、皆さんはどちらに賭けますか？　当然、昇る方に賭けますよね。当たり前すぎてひっかけ問題なんじゃないかと思ってしまうくらいです。

では、なぜ昇ると思うのか？　昨日も一昨日も昇ったし、昇らなかったことが一度もないからですね。

太陽が昇るかどうかというのは極端な例ですが、過去の新たなことへのチャレンジにおいて、できたという経験が多い人は、次の新たなチャレンジについても、「できるんじゃないか」というイメージの方が強くなりやすいです。

一方で、できなかったという経験が多い人は、次の新たなチャレンジについても、「できないんじゃないか」というイメージの方が強くなりやすいです。できるという信念を積み重ねているのか、できないという信念を積み重ねているのか、この信念は反復することによって積み上がり、次のチャレンジをするかどうか、チャレンジするにしてもどういう前提で取り組むのかに大きく影響を及ぼします。

できる信念を育てた人は新たなチャレンジもしやすいし、できる前提なので実際にうまくいくことも多い。そして、さらにできる信念が積み重なっていく。

できない信念を育てた人は、新たなチャレンジはやめておくことが増えるし、やってみてもできない前提なので実際にうまくいかないことが多い。そしてさらにできない信念が積み重なっていく。そういうことです。

この負のループから抜け出す方法は一つ、新たなチャレンジに一歩踏み出し、できるまでやり抜くことです。

「それができたら苦労しねーよ!」という声が聞こえてきた気がしますが、これができるようになるポイントが、ちゃんとあるのです。

始められない理由 03

信念の法則で負のループに入っていて自信がない。

04
How to create a prosperous store starting from scratch.

先延ばし

あと一つ、行動に移せない理由は何でしょう。

分からないことへのネガティブな想像を肥大化させること、失敗への怖さ、失敗による他人の眼への恐れ、自信のなさとできない信念などや、楽でいたいと思う脳の習性によって、頭に浮かぶ言葉があります。

それは、先延ばし。

明日からやろう。
今度やろう。
今は時間がないから。

今じゃなくてもまだ大丈夫。

「明日やろうは馬鹿野郎」という言葉を耳にしたことがありますが、秀逸ですね。本当に馬鹿野郎だと、自分を見て思います。

頭では分かっているのですが、どうしてもやってしまう。この言葉が浮かんでいるときの「明日の自分さん」にはめちゃくちゃ期待しています。

「明日の自分さん」は、決めたことをキッチリやる素晴らしい人間です。

絶対に、「明日の自分さん」なら先延ばしなんかせずやります。

明日、朝になれば太陽が昇ってくるのを信じて疑わないくらい信じられます。

ところがです。「明日の自分さん」を100%信じて寝るのですが、朝起きたら、そこにいるのは昨日と変わらない「今日の自分」なんです。決めたことをキッチリやるはずの、昨日頼りにした「明日の自分さん」はどこへ行ってしまったのでしょうか?

答えは簡単です。また、明日に行って待ってくれています。

私は特に面倒くさがりな人間で、できるだけ気楽でいたい、できるだけ安心していたい、そう思いがちです。

だからやらざるを得ない状態になるまで始めないし、やらざるを得ない状態にならないものは始めすらしない。

楽したい気持ちって、どうしてこんなにも強いのでしょうか。

また、先延ばしするために使う常套《じょうとう》手段があります。それは、調査すること。

インターネットが普及して、いろんな情報を集められるようになりました。その結果、いい面が沢山ありますが、同時に悪い面もあると思います。

情報を集めるだけなら、リスクがないですよね。それでいて、行動している風ではあります。実際不必要ではないと思いますし、さらに知識欲が満たされて面白い。なかなか行動に移さない言い訳として、最高ですね。

昨今では動画コンテンツが普及し、いろんなビジネス系の方々が動画を発信しています。とても有益な情報が発信されていると思いますし、勉強にもなります。

ただ、それをもとに行動に移さなければ、知識欲が満たされただけですよね。

すでに行動に移している人がより良い結果を求めてこういう動画で勉強するのは大賛成ですが、まだ行動に移していない人が、「まずは勉強」といってこういう動画を延々と見ているのであれば、それは事前勉強という仮面を被った「先延ばし」というモンスターかもしれません。

このモンスターは様々な言い訳の仮面を被って、もっともらしい顔を見せながら耳元で悪魔の囁きをします。

「明日からやろう」

始められない理由 04

今、楽をできること、変化がないことを優先してやるべきことを先送りしてしまう。

第2章

なぜ続かないのか？

How to create a
prosperous store
starting from scratch.

02

01

How to create a prosperous store starting from scratch.

モチベーションに行動が左右される

第1章では、行動に移せない理由についていくつか触れてきましたが、そこから行動に移せたとして、それで全ての問題がクリアになるかというと、そんなことはありません。

今度待ち受けているのは、「続かない」という問題です。

始めてはみたものの、結局続かない、三日坊主で終わってしまう、そういえばいつの間にかやらなくなったなあ……ということ、皆さんにもありませんか？

ギター、ダンス、英語の勉強、筋トレ、ダイエットなどなど……、私には数多くあります。

ここで問題です。

一見バラバラのようなこの私の続かなかったことコレクションには、実は大きな共通点があります。頑張る動機が共通しているのです。それはなんでしょうか？

お分かりですかね？

答えは、「モテたい」ということです。

私は生まれてこの方ずっと、この「モテたい」というモチベーションで大抵のことを選択してきた気がします。逆にいうと「モテたい」という悪魔に43年間ずっと捕らわれの身といっても過言ではないですね。

ギターを弾けたら、もっというと弾き語りで歌えたら、さぞかしカッコいいだろうなと思うのです。

好みの女の子を含めた友達を、何人か家に呼びます。部屋の片隅に置いてあるギターに好みの女の子が興味を持って、「ギター弾けるの？」と聞かれたら、はい、もう勝ちです。

そんな妄想が、中学生の私の脳内では膨らんでいました。

ダンスも一緒です。ダンスがうまかったら、脚光を浴びてヒーローになれるんだろうと。

立ち話をしながらなんとなくステップを踏んで、「え？　ダンスできるの？」と聞かれたら、はい、もう勝ちです。「まぁ多少ね」とか言いながら、サラッとカッコよく踊ってみせる。もうモテモテです。あくまでも私の妄想の中ですが。

英語も、言わずもがなですね。

女の子と飲む店を、わざわざ外国人の集まる店にして、その場に居合わせた外国人の男性と流暢な英語で話して、ジョークを飛ばして笑い合う。はい、もう勝ちです。

筋トレとダイエット……もういいですかね？（笑）。

引き締まった腹筋で海に行ったら、「カッコいい！」の声があっちこっちから聞こえてくるんだろうなと。そんな身体でビーチバレーをして、ボールが遠くに飛んでいってしまったら、全部私が取りに行きますよ。できるだけたくさんの人の前を通るために（笑）。

さて、私がいかにモテたい中二病おじさんなのかはほとんどの方は興味がないと思うので、本題に入ります。この「モテたい」という動機、これが実は続かない原因の一つなのです。

モチベーションとは日本語に訳すと動機、意欲、やる気。

この動機の内容が、頑張りが続くかどうかを大きく左右しています。動機には大きく分けて二種類あって、内的動機と外的動機です。どの動機がどちらなのかというのは解釈によったりもするので、詳しい分析は省略させていただきます（というか私もよく分かっていません）が、ざっくり言うと、外側の理由か内側の理由かということです。

例えば、会社の制度で一定の成果を上げると報償が設定されていて、それを得たいと思って頑張っているとしたら、これは外的動機です。

また、営業さんなどで上司からノルマを設定されていて、達成しないと説教される、晒しものにされると思って頑張っているとしたら、これも外的動機です。決まった時間に決まった場所に行く必要があり、もし遅刻すると上司からこっぴどく怒られる。それは避けたいので遅刻しないように到着しようと考えているとしたら、これも外的動機です。

つまり、自分の外側から課されているものを得たくて頑張ったり、避けたくて頑張ったりしているのです。

逆に、自分が成果を出せる存在でありたいと思っていて、それを実現するために頑張っているなら、これは内的動機です。

自分が「挑戦して生きる」というモットーを持っていて、それに即して生きていきたいと考えて何かに挑戦しているとしたら、これも内的動機です。

自分は美しくありたい、カッコよくありたいと考えていて、その状態を維持するために身体づくりを継続しているのであれば、これも内的動機です。

少しイメージが湧いてきたでしょうか。外側の何かを得たい、避けたいといった動機が外的動機で、内側のこうありたいといった動機が内的動機です。

外的動機には、必ず外側の人が登場します。特定の誰かである場合もあるし、不特定の人の場合もあるのですが、必ず外側の人が登場します。

一方、内的動機には外側の人は登場しません。自分だけです。

仕事で成果を上げたら得られる金銭的報償をゲットしたいと思っていたとして、ゲットしたい理由は、そのお金で大好きなブランド品を買いたいからだとします。ブランド品を買いたい理由を掘り下げてみたときに「他者からイケてると思われたいから」だとしたら、それは外的動機です。一方で、「ブランド物の価値に見合うような誇れる自分でありたいから」だとしたら、それは内的動機です。

どうですか？「お？もしかしてこの人、結構ためになる話できる人？」と、思っていただけたでしょうか（笑）。学者でも研究者でもないですが、私なりに自分の経験をもとに考えを整理、勉強したことはありますから、この本で惜しみなく皆さんにそれを分かち合えればと思います。

さて、問題です。私が43年間捕らわれの身となっている「モテたい」は、外的動機でしょうか？　内的動機でしょうか？

答えは、外的動機です。誰からモテたいのかについては、特定の人のときもあれば、不特定の人の場合もありますが、要するに他者からの評価を得たい、特に異性から好意を持たれたいということですね。そうなると、話の筋が想像できた方も多いかもしれませんが、この**外的動機というものが頑張る理由だと、続かないことが多い**のです。

外側の何かを得たいという理由であれば、得られてしまうと当たり前になってしまい、当たり前になってしまうと、もうそのためには頑張れなくなってしまいます。また、得られていることに満足してしまうので、それ以上頑張る気が失せてしまいがちです。

では、なかなか得られなければいいのかというと、それはそれで、得ることが難しいと思ってしまうと諦めの気持ちが芽生えてしまい、やはり続かなくなってしまうのです。

得られてしまうと続かないし、なかなか得られなくても続かないということです。こうなると、外的動機はどうやってもデメリットしかないように聞こえるかもしれないのですが、メリットもあります。それは、何かを始めるときの一歩を踏み出す原動力になりやすいということです。

「これができるようになったらモテるかも⁉」と思うことがあると、なかなか始められない私でも始めてみたくなります。

「20キロ痩せて、モテモテになりました！」なんて広告を見ると、思わず手を出したくなりますよね。

外的動機はこのように一歩踏み出す原動力にはなりやすいのですが、続ける原動力にはなりにくい。

一方で、続ける原動力になるのが内的動機です。

内的動機は前述の通り、自分がどんな人でありたいか、どんな生き方がしたいかといったもので、他者からの評価によって満たされる動機でもないですし、何かが得られたら完了するものでもありません。

他者から得られているかどうかを気にすることもないので、得られたら満足してしまうということもなく、得られなければ諦めてしまうということもありません。

このように内的動機は何かを続ける上で効果的な原動力になるのですが、自分がどうありたいか、どんな生き方がしたいかといったことって、なかなか考えることもないし、簡単に答えが出るものでもないですよね。そこが悩ましいところです。

続かない理由 01

外的動機が原動力のため、なかなか得られないと諦めたくなってしまう。

「02
How to create a prosperous store starting from scratch.」

手応えがない

何かを頑張ってモテるようになりたいけれど、なかなかすぐにはそのレベルまでいかないので、手応え（外的動機）が得られず続かないというお話をしてきました。

第1章でもお伝えした通り、私は数々のダイエットを編み出し、全て見事に失敗してきました。

その中から、二つご紹介させていただきます。ブレイクタイムと思って、お読みください。

まず一つ目は、「オーランド・ブルーム・ダイエット」です。

『パイレーツ・オブ・カリビアン』という映画シリーズをご存知でしょうか。私はこの映画が大好きで、初めて観たときにとてもワクワクしました。

私は最強キャラが本気を出していない感じ、でもいざというときに本気を出してむちゃくちゃ強い！　というのが大好きなので、ジョニー・デップ演じる主人公、ジャック・スパロウが大好きなわけです。

ですから、終始ジャック・スパロウに魅了されていたのですが、そこに登場したのがオーランド・ブルーム演じるウィル・ターナーです。

恐らくオーランド・ブルームという俳優さんをこのとき初めて知ったと思うのですが、めちゃくちゃカッコいい。

こんなカッコいい男がいるのか！　と驚愕したのを覚えています。

そのときに思ったのが、これだけのイケメンは、いったいどんな毎日を送っているのか？　ということです。

俳優として成功していて、経済的なゆとりもとんでもなくあるだろうし、この容姿であればさぞかし美しい女性に囲まれ、楽しい毎日を過ごしているであろう、絶対そうに違いない！

そして想像力が豊かな私は、さらに思いました。その状況に自分が交ざったら、どんな心境だろうか？　メガトン級の劣等感に苛まれ、自分のだらしない身体に愕然として、見向きもされなくても辛い、蔑まれ、嘲笑されても辛い、友好的に交ぜてもらっても情けをかけられているようで辛い。もう辛い心境しか想像できませんでした。

そこで私は思ったのです。この強烈な劣等感は、自分を変えるための、この上ない原動力になると。すぐに私はある行動をしました。それは、携帯電話の待ち受け画面をオーランド・ブルームにするということです。毎日何度もオーランド・ブルームを見て、その生活を想像し、その中にだらしない身体の自分がいることによる強烈な劣等感があれば、間違いなく食事を我慢し、筋トレをする原動力になると確信していたのです。そして実行に移しました。

初日、二日目は抜群の効果を発揮しました。食事を制限し、筋トレをして、こんな自分を変えるぞ！　と、まさに原動力となり、普段負けてしまう我慢の選択を、こんなにもたやすくできるのかと感動を覚えました。

そして迎えた問題の三日目、オーランド・ブルームを観たときの心境が変わってきました。それはズバリ、なんとも思わない、ということです。あんなにカッコいいと思っていたオーランド・ブルームなのですが、三日間も何度も見ていると、もう見慣れ過ぎていて、そこに特別な存在という感覚がなくなってくるのです。

美人は三日で飽きるという言葉がありますが、オーランド・ブルームも三日で飽きる。オーランド・ブルームのファンの皆様、申し訳ございません。

そうなってしまうと、もう原動力にはなりません。三日目以降はただの壁紙になりました。当然、食事制限も筋トレも終了です。オーランド・ブルーム・ダイエット、短い命でしたね。

もう一つのダイエットは「タイムスリップ・ダイエット」です。

これは何かというと、皆さん夏の海やプールに出かけるとき、友人の結婚式でドレスアップするときなど、もっと身体を絞っておけばよかった！　と後悔したことはありませんか？　私は何度もあります。

もっと前から少しずつ身体づくりを頑張っていれば、胸を張れる身体でこの場にいられたのにと、後悔の念に駆られたことは数知れず。

そこで、

「今、私は未来からタイムスリップしてきているとしたら？」と考えたのです。未来の私が自分のだらしない身体に後悔し、こんなことなら半年前に戻ってやり直したい！　と強く思っていたところに、緑のモヒカン頭の神様が現れて、半年前に戻してやろうかと聞いてきて、はい！　と答えたら、半年前に戻ることができた。半年もあるのでしっかりダイエットと身体づくりをすれば十分に間に合う、それが今だとしたら？　と考えました。なぜ神様を緑のモヒカン頭に設定したのかは謎ですが。

　これは効果絶大でした。

　せっかく半年前に戻ってやり直せているのに、同じことを繰り返すなんてこの上ない馬鹿ですから。想像ではありますが、一度痛い目を見ているわけなので、そうなると人間強いですね。

　繰り返してなるものかと、食事制限と筋トレに勤《いそ》しみました。

　このタイムスリップ・ダイエットのいいところは、実際に体重が減ったとか身体が絞れてきたといった手応えが出てくる前から、「前回の人生と違う選択をしている。だから確実に絞れた身体の未来に繋がっているぞ！」と思えることで、これが手応えのようなものになるのです。

手応えというのは、努力を続ける原動力として重要なものなので、それが感じられると続けやすくなりますね。

ちなみにこのタイムスリップ・ダイエットも、結論は言わずもがな失敗に終わったわけなのですが、その理由は、一食くらい食べちゃっても大丈夫、今日くらい筋トレしなくても大丈夫、という悪魔の囁きです。

それを許してしまうと、食べたいものを食べる幸せ、筋トレをやらない楽さにあっという間に心が奪われてしまいます。結局タイムスリップする前の自分と同じ道を歩むことになりました。設定だけ変えても、本質は変わらないということですね。

このように、想像によって頑張る理由をかき立てる作戦は、全然続きませんでした。どちらも我ながら面白い発想だった気はするのですが、最初は勢いよくスタートして、これは来たぞ！　と思うものの、実際に結果が現れるのは、もっと先の話です。すぐに手応えは得られません。スイッチが入り過ぎてしまった分、極端に食事を制限し、筋トレをしたので、その分結果にも大きく期待してしまいました。これだけ食べなかったのだからさぞかし体重が減っているだろう、これだけ筋トレをしたのだからさぞかし筋肉量が増えているだろうと。

期待と現実のギャップに、やる気がみるみる失せていきました。

多くの方が、なかなか続けられない理由の一つとして、期待するほどの手応えがすぐに得られないことがあるのではないでしょうか。

続かない理由 02

期待するほどの手応えがすぐに得られない。

03
How to create a prosperous store starting from scratch.

目標が高すぎる

〈期待するほどの手応えがすぐに得られない〉ということと重なる部分もあるのですが、もう一つの続かない理由が、〈目標が高すぎる〉です。

ミシュランのビブグルマンを1年で取ったとか、コンサルティングで繁盛店をつくってきたとか、そんなことを「まえがき」で書いておきながら、一向に料理や飲食の話が出てこないじゃないかと思っている方も少なくないと思います（笑）。

ご期待に応えてそろそろ料理や飲食の話も交えていきたいと思うのですが、実は私、まともに飲食店で料理を勉強したこともなければ修業したこともありません。働いたことがある飲食店はチェーン店で、まともな調理はなく、送られてきたものを温めるか盛り付けるか、せいぜい茹でるくらいでした。

初めて社会に出たときの仕事は、システムエンジニアです。ラーメン屋とも飲食コンサルティングともミシュランとも全く無縁の世界。

その頃の私は、まさか未来の自分がミシュラン獲得なんてことになるとは夢にも思っておりませんでした。ただ、料理を作ること自体は結構好きで、素人ながら家でいろいろ作っていました。

今住んでいる家に引っ越してきたときにも、電気式の圧力鍋や、低温調理器、ブレンダーなど、まずは形からということでいくつか器具を揃えました。

圧力鍋は5回くらい使った気がしますが、低温調理器は1回、ブレンダーに至っては未だに箱から出していません。いろいろ調理器具を揃えて難しい料理に挑戦し、家でカッコいい料理を出したらモテるのではないか？　と画策したわけですが、カッコいい飲食店で出てくるような料理は、やはり甘くないですね。素人が調理器具さえあればチャチャッとできちゃう、なんてことはありませんでした。

下味づくり、火の入れ具合、食材の切り方、一つ一つがプロと素人では天と地ほど違います。これは果てしない道だと、すぐに思い知りました。

そうなると、モチベーションはあれよあれよと下がります。

ちょっとやそっと頑張ったくらいではダメで、とんでもない努力を重ねないといけないと思い始めると、無理な気しかしなくなってきて、最終的にはもういいやと思ってしまいます。

料理検索サイトで調べて料理を作るくらいのレベルでありながら、目標にしているのは腕利きの料理人が作る、見た目もオシャレで味も絶品な料理の数々。

「いつかできるようになりたいな」と夢見るのはいいですが、目標となるとだいぶ高すぎます。

昔、野球で平成の怪物といわれた松坂大輔選手がインタビューで、「夢を持ったことはない、全て目標だった」ということを仰っていました。カッコいいですね。

ただ、それを自分にも当てはめて、夢のような理想の到達点を目標にして努力をするのがいいかというと、一概にそうとはいえないかもしれません。

目標が高いと、ちょっとやそっと努力しただけでは一向に近づいた気がしません。一歩ずつ前進して成長していたとしても、果てしなく高い目標を掲げていては、ずっと目標未達です。そんな状態でモチベーションを維持するのは、至難の業です。

一部の人は、果てしない高い目標だけを見て、いつまでも頑張り続けられるのかもしれませんが、私を含め多くの人はもっと小さな目標を立てて、できたという実感を繰り返し味わっていくことが重要です。

「ベイビーステップ」という言葉もあるようですが、最終目標は高くても、そこに到達するためにまずはこれができるようになろう、次はここまでできるようになろうと、間を埋める小さな目標を立てることがものすごく重要です。

何かを始めるときは、モチベーションが高ければ高いほど、私みたいに高い目標を設定しがちです。

オシャレでイケてて抜群に美味しい料理を自宅でサラッと作ってしまう最強イケメンを目指して、使いこなせもしないそれっぽい調理器具を揃え、いきなり背伸びをしてレベルの高い料理に挑戦する。作る料理を決めて、食材を買い揃えるところくらいまでは、モチベーションは高いまま維持できます。むしろさらに高まるくらいです。問題は作り始めた後ですね。実際に包丁を使って切り始めると、当然なのですが、描いていたカッコいい自分とは違い、カットも雑だし手元もたどたどしい。この辺りから雲行きが怪しくなってきます。調理が始まると思ったようにはいかず、てんやわんやになり、火入れももう十分なのかまだまだなのか全く見当もつかない。味付けも薄いのか濃いのか分からないし、思ったほど美味しくないことが、味見の時点ですでに垣間見えてしまっている。

最終的にでき上がった料理は、見た目もなんだか期待していたのと違うし、食べてみてもたいしたことない。こうなると、モチベーションはジェットコースターのように急降下します。調理器具を揃えて、食材を揃えて、期待が高まりまくっていた分、期待と違う現実を味わったときの落胆は大きいです。そして期待していた目標に対して果てしない距離があることを実感し、その距離に心が萎えてしまいますね。

イメージでは、私は速水もこみちさんだったはずなのですが……。

続かない理由 03

目標が高すぎて近づいている実感がなく、モチベーションが下がってしまう。

第3章

真似ることが全てを解決する

How to create a prosperous store starting from scratch.

03

「01」
How to create a prosperous store starting from scratch.

初めの一歩のハードルが下がる

前章までで、私がいかに「始められない・続かない」人間なのかについてさらけ出させていただきました。

「それでは、どうすればいいのか？」

その対策として、「こういうことを心掛けてみましょう」とか、「こういう捉え方をしてみましょう」といった、意識を題材にしている情報をよく見かけます。

私がそれを見て思うのは、

「そういったことが簡単にできるなら、苦労はしない」

ということです。

私もそのような情報はたくさん見てきましたし、実践を試みたものも少なくありません。ですが、どれ一つ、まともに身についたものがありません。

最初は「ヨシ！」と思うのですが、寝て起きて翌日を迎えたら半減し、もう一回寝て起きたらもう雀の涙です。不思議なくらい続きませんでした。

ですから、**私が提案したいのは、そういった心構えや捉え方のようなものではなく、もっと現実的に解決していける方法です。**

また、続く第4章、第5章では、私がなぜラーメン業界への挑戦に踏み切れたのか、そして開業1年で「ミシュランガイド東京」のビブグルマンに選出されることができたのか、なぜコンサルティングをしている店は軒並み繁盛しているのか、そのあたりの秘訣についてもしっかり書いていこうと思います。

行動に移すためのポイント、継続するためのポイント、そして成功させるためのポイントに、共通していることがあるからです。

特に第5章では、繁盛店をつくる秘訣を大公開していきます。

行動に移す、継続する、繁盛店をつくる、全てに共通するポイントとは、何だと思いますか？

それは、「真似ること」です。

このパワーは計り知れません。全ての問題を解決することができる、最強のメソッドだと思っています。

まず、その大きな効果の一つは、初めの一歩のハードルが下がるということです。

新たなことに挑戦するとき、右も左も分からない状態では、不安ばかりで最初の一歩を重くします。

私は、新卒で入社した会社でシステムエンジニアとして働いていました。

大学では電子機械工学というものを学んでいて、専門を活かした仕事に就くのであれば、電機メーカーの研究や開発に携わるような流れだったのですが、私には都心で働きたいという憧れがあり、電機メーカーなどの研究や開発部門では、勤務地が郊外になりやすいということがネックになりました。

そんなこんなで悩んでいたところ、同じ学科の友人から聞いたのが、システムエンジニアという仕事です。まず思ったのが、「何そのカッコいい名前?」です(笑)。モテたい一心で生きてきた私の心に火がつきました。

早速調べてみると、システムエンジニアの仕事は都心が勤務地になる会社が多く、「これだ!」と思いました。

教授や助手にも希望を伝え、私はそこからシステムエンジニアになるための就活を始め、無事就職が決まりました。そんな経緯で、キャリアをスタートさせたのです。

入った会社は新人研修がとても丁寧で、大学で情報系の勉強を全くしていない私でも、一つ一つ理解していけるカリキュラムが組まれていました。部署に配属されてからも、丁寧に育てていただいたと思います。

私は大変そうなことは極力避けたがる性格ですから、起業願望なんて全くなかったですし、会社の居心地がとても良かったので、ずっとその会社で働いていこうと考えていました。

そうして2年目の冬を迎えたとき、運命の出会いがあったのです。

のちに起業のメンターとなるKさんとの出会いです。

同世代の方ですが、私が出会ったときにはすでに起業して、ある程度の成功を手に入れ、仕事仲間にも経営のイロハを教えていらっしゃいました。

当時の私は起業には興味がなかったのですが、その方と話して、感じたことがありました。

失敗や不安やリスク、面倒くさいことなどは極力避けた上で、叶えられそうなことを叶えていければいいという考えで生きていた私の前に現れたその方は、私の真逆でした。

全てのことにまっすぐ向き合い、一切妥協しない。

決して逃げず、本気で向き合う。

そうやって生きている方と対峙することで、自分の消極的な姿勢に気づかされたのです。

人間関係、自分の課題、不安やリスク、その先にある自分が本当はつくりたいと思っている未来……、全てから逃げていました。

それでも、日本ではそこそこの人生を送れますから、危機感もあまりなかったのだと思います。

そんな私の前に彼が現れ、そこから、

「本当にこの生き方でいいのか」

と、考え始めました。

心がドキドキすること、ざわつくことから逃げて生きる。

夢を手に入れるための不安や恐怖と立ち向かわなくていい、楽な生き方。

彼との出会いで、

「自分は本当にこの生き方でいいのか」

と自問自答が始まり、頭に浮かんできた考えが、

「後悔はしたくない」

でした。

人生の最期を迎えるときに、後悔するのだけは嫌だと思いました。

そして、私はやり残したことがあるかどうか、挑戦し切ったかどうか、全力を尽くしたかどうかで、後悔するかどうかを考えるだろうと思ったのです。

面倒なこと、不安や恐怖心があり、その代わり可能性もどこまでもある人生か、楽を優先して、妥協して、そこそこで生きていく人生か、どちらかしか選べません。

そして私が出した結論が、「後悔しない生き方」。

諦めず、割り切らず、問題や不安や恐怖心と向き合い、可能性がどこまでも広がっていく、叶えるために努力する生き方です。

もっといろいろなことに挑戦し、自分の力を試す人生にしたいと、「起業」にチャレンジすることを決意しました。

彼にメンターとして指導してもらいながら、起業への道を踏み出したのです。

ビジネスモデルのつくり方、セールスの神髄、チームづくりやリーダーシップなど、経営で成功するための一部始終について、とにかくメンターを真似して、その中で何がポイントなのか徐々に掴んでいくという日々を繰り返した結果、今の成果をつくり出すことができました。

絶対に大丈夫という確証までは求めないにしても、「いけるかもしれない」と思えるだけのものがあれば、全然違います。

それをつくり出すことができるのが、「手本となる人を持つ」ということです。

新たに始めようとしていることについてよく理解している人、実績を持っている人から教わるということです。

理屈を知っているだけの人は、手本とはなりません。

机上の空論なら誰でも言えますし、そんな情報はネットで調べればいくらでも見つかるので、たいした価値もありません。

特にお金が発生するコンサルティングやスクールとなると、決して安い金額ではないので、より慎重になる必要があります。

それらしい理論で固めて、近づいてくる人もたくさんいます。

また、本当に親切心で助言してくれる人でも、その人が実績を出していないのであれば、手本とはなり得ません。

知識と実績がある人から指南してもらえると、初めの一歩を安心して踏み出せます。
成功のために、とても大切なことです。

真似ることが大切な理由 01

真似るべき手本があると、初めの一歩を踏み出しやすくなる。

02

How to create a prosperous store starting from scratch.

手応えが得られやすい

実績のある人から学ぶことは、一歩踏み出した後にも大きな効力があります。それは、手応えが得られやすいということです。

第2章で、「続けられない」原因について、〈期待するほどの手応えが得られない〉、〈目標が高すぎて近づいている気がしないためにモチベーションが低下してしまう〉ということを挙げましたが、よきメンターから教えてもらうと、それらの問題も解決してくれます。

様々な分野で実績を出している人も、あらゆる失敗をして、うまくいかないことを経験しています。

一つの道で効果的なアプローチ法を見出すためのプロセスは、思いつくあらゆることにトライをして、うまくいくこと・いかないことを発見していくことの積み重ねです。

そして、実績のある人からは、その「うまくいくこと」に特化して教えてもらうことができるわけです。

私は前述の通り「続かない男」でしたが、それなりの結果を残せたものもちゃんとあります。それは、中学校、高校の部活で取り組んだバドミントン、そして趣味で始めたダーツです。現在の起業を含め、この三つに関しては、なぜ継続して結果を残せたのか。

そのポイントが、「真似ること」なのです。

バドミントンは中学~高校時代に取り組んだのですが、特に中学では、顧問の先生がバドミントン界でも顔が利くものすごくうまい方で、練習方法も基礎からきっちりと教えるスタイルでした。

私をはじめ他の部員メンバーも中学入学を機にバドミントンを始めた初心者で、小学校から地域のバドミントン部で腕を磨いてきた、なんて人は一人もいませんでした。ですが、先生の指導のおかげで、みんなぐんぐんうまくなっていきました。

初めて地区の大会に出場したとき、他の学校はどれほど強いのか、自分は果たして勝てるのかと、不安しかありませんでした。

各校の練習風景を見ていると、全員自分よりうまい、歴戦の猛者たちのように思えました。

いよいよ私の出番となり、緊張で手が震え、相手に簡単にポイントを取られてしまいました。そうすると焦りが生まれ、ネガティブな心配が膨らみ、さらに動きをぎこちなくさせていきます。ただ、だんだん緊張がほぐれて落ち着いてくると、練習でしみついた動きができるようになり、頭も冷静になって、相手の動きがよく見えるようになってきたのです。

先生から基礎を徹底的に教わっていたので、ラリーがこういう流れになったらこういう動きをするとか、こういうショットの後はこうすると決まりやすいとか、いくつかのセオリーが自分の中に叩き込まれていて、そんな私から相手の動きを見ると、

「この人、全然基礎が分かってないな」

と思えてくるのです。

そうすると、気持ちはかなり強気になれます。

相手の動きも手に取るように分かるし、どんなショットが来ても返せる余裕が出てきます。先読みをしていいところに打ち、点を取るのもたやすくなっていきました。

結局、中学時代は県大会を勝ち抜いて、関東大会まで行きました。

先生の指導を信じ、先生のお手本を目に焼き付けて、身体の動かし方、ステップ、打つフォームから打ち終わった後の姿勢まで、とにかく真似をしました。そうすると、不思議なくらい試合で勝てる。そうなるともうスイッチが入ります。ドーパミンが分泌されている状態だと思います。

「この試合に勝つぞ！」

と目標を掲げ、挑み、そして達成する。


手応えや成功体験というのは、第1章で信念の法則について書いた通り、人の心理にものすごく大きな影響を与えます。

自己流で始めると、この手応えがなかなか得にくい。

そうするとモチベーションが徐々に低下していき、投げ出すことへ繋がってしまうのですが、よいお手本の真似をすると、核の部分をちゃんと押さえることができるので、結果に繋がりやすいのです。

いきなり大きな結果が簡単に出せるという話ではないのですが、小さな成功体験を積み重ねやすくなります。これが信念の法則によってプラスのスパイラルを起こし、「できた！」という体験がドーパミンを分泌し、その気持ちよさを味わったことでもう一度味わいたくて仕方なくなる。そしてもっとしっかり真似ようと思うようになり、さらにいい結果を手に入れることができる。

これが繰り返されていくうちにつくり出せる結果が大きくなっていき、味わうことのできる興奮も大きくなっていく……。

こうなったら、継続なんて、当たり前のようにできるようになっています。

真似ることで早く手応えを得ることができ、それがプラスの信念のスパイラルを起こす。これは、とても重要なポイントです。

次に、ダーツについてもお話ししたいと思います。

先に結果を話すと、大きな大会でもかなり上位争いをできるくらいまでになり、雑誌にも載せていただくことができました。

今も趣味で投げていますが、だいたいどのダーツバーに行っても、ほとんどの方に負けることがありません。


大学の先輩に連れられて、ダーツバーに行ったのがきっかけでした。

先輩が私の実家の隣駅に住んでいて、地元で一緒に飲んだりビリヤードに行ったりしていたのですが、ダーツも面白いぞということで、連れていっていただきました。

「ダーツがうまかったら、さぞかしモテるだろうな」

と、例のごとくでワクワクしました。

実際投げてみると、当たり前ですが、全然狙ったところに行きません。

これは思ったより難しいぞ、と感じました。

脳内イメージでは、真ん中にバンバン入れてカッコよくガッツポーズをしたり、握りこぶしを高く天に向かって突き上げる予定だったのですが、実際は首をかしげながらおかしいなぁ、難しいなぁと呟いてトボトボと投げたダーツを抜きに行く寂しげな背中を晒していました。

ただ、ここで運命の出会いを迎えることとなります。

先輩が連れていってくださったそのダーツバー、店主の方がダーツ界のかなりの実力者だったのです。

初めてその投げる姿を観たときは、あっけにとられてしまいました。投げたら投げた分だけ、みごとに真ん中に入るのです。

ダーツが3投とも真ん中に入ることをハットトリックといって、普通はそれが出たら大騒ぎなわけですが、もう当たり前のように出る。私は羨望のまなざしでその光景を見ていました。そして思ったわけです。あれだけうまくなったら絶対モテる！

早速私はそのダーツバーに通うことにしました。私の家の最寄駅でしたし、大学生で時間もいくらでもあったので、もう夢中で通いました。

余談ですが、その店主の方が作るオムライスやペペロンチーノやレタス炒飯がめちゃくちゃ美味しくて、ダーツをするのがメインではあるのですが、美味しいご飯を食べられるのも楽しみでした。

「いつか飲食店をやりたい」と思ったのも、このダーツバーに通っていたのがきっかけです。

美味しいご飯を出して、飲みながら仲間とワイワイできる、そんな店を自分もやりたいと、この頃から思うようになりました。

毎日のように通っていると、店主も距離を縮めてくれるようになり、会話がだんだん増えていきました。

ある日勇気を出して「ダーツを教えてください」とお願いし、そこから全ては始まりました。彼は私にとってのダーツのメンターで、そこからあらゆることを教わりました。

ダーツの持ち方、投げる上でのポイント、そしてメンタルの整え方などなど、とにかくとことん教わって、投げ方を真似して、フィードバックをもらって、そんな毎日を繰り返しました。

とはいえ、最初はなかなか感覚が掴めません。投げても投げても、なかなか狙ったところに入らないし、イライラしてみたり気持ちが落ちたり、思い通りにいかない現実に対するあらゆる反応が起こります。

ダーツは、お店ごとに大会が開かれることがよくあります。

そのダーツバーでも定期的に開かれていましたし、店主と繋がりのあるお店の大会に、常連みんなで行くということもありました。

ただ、初めは出てもほとんど一回戦負け、あとは勝ち上がっていく仲間を応援するだけの一日です。なかなか思うように上達しない。そんな毎日を過ごして一年が過ぎた頃、ある日、ポイントを掴めるときが来たのです。

急にピンと来て、その感覚を忘れないように同じ感じで投げようと試みると、狙ったところに入るようになりました。それは脳と右腕がシンクロするような感覚で、頭で考えていることが見事に右腕に伝わり、その通りに右腕が動き、放たれたダーツも頭で考えた通りの軌道を描いて狙ったところに吸い込まれていく、そんな感覚です。この感覚を覚えた瞬間から瞬く間に上達していきました。

そうなると、もうどんどん面白くなってきます。

常連さんとの試合でも勝てることが増えていくし、周りからもちやほやされ始めます。女の子からも黄色い声援を受けていたような気がします（これは気のせいかもしれません）。

もちろんメンターから教わることは継続し、ぐんぐんとうまくなっていきました。大会でも上位に食い込んだり優勝することが増え、大きな大会にも出るようになり、輝かしいダーツライフを手に入れることができました。

先輩に連れていってもらったダーツバーでたまたま一流の方に出会うことができ、魅了され、弟子入りをして、最初から一流の基準で一つ一つ丁寧に教えていただいてきたこと、徹底的に真似をしてきたことが大きかったのだと思います。

真似る↓手応えを得られる↓いい結果を味わえる↓興奮する（ドーパミンが出る）
↓もっと頑張りたくなる

このスパイラルは最強です。

真似ることが大切な理由 02

手応えを得られやすく、プラスの信念のスパイラルを起こすことができる。

03
How to create a prosperous store starting from scratch.

成功するポイントのチューニングができる

昔話はこれぐらいにして、私が現在、飲食店で成功している秘訣について書いていこうと思います。

冒頭で触れた通り、私は２０２０年10月に東京の五反田にラーメン屋・麺屋彩音をオープンし、２０２１年12月発表の「ミシュランガイド東京 ２０２２」でビブグルマンに選出していただきました。

それまで、ラーメン業界で働いたこともなければ、経営したこともありません。ラーメンを食べることは好きで、学生時代から食べ歩いていました。千葉大学に通っていたので、特に千葉県のラーメンは散々食べました。

もう20年以上前の話ですが、当時は千葉四天王と呼ばれるラーメン屋さんがあり、そこにも当然行きましたし、他にも人気店といわれるところには大体行ったと思います。

自宅の近くには「貴生」という名前の屋台ラーメンがあり、バイトの先輩に連れていってもらったのがきっかけで知ったのですが、そこからもう完全に虜になりました。豚骨味噌ラーメンで、背脂がたくさん浮いているラーメンです。こってりだけど意外とあっさり食べられる不思議なラーメンで、数年は通い続けたと思います。

また、飲食店の経営については、いくつか経験がありました。

起業のメンターと一緒に飲食店型のレンタルスペースを立ち上げたり、ランチのみですがオムライス屋を立ち上げたり、イタリアンレストランの立ち上げにも携わりました。

それぞれ右も左も分からない中で友人と試行錯誤しながらの立ち上げで、失敗もたくさんしましたし、今から振り返ると笑えるエピソードもいくつかあります。

オムライス屋の立ち上げでは、たいしたレベルのオムライスが作れたわけではないのですが、売るにはやはりキャッチーで興味を引かなければと思い、「宇宙一のオムライス」と謎の触れ書きをしてみたり、メニューはオムライス一本勝負！　と強気に出てみたりしました。どちらもマーケティング的に必ずしも間違っていたわけではないのですが、問題は品質が相応しいレベルに全然到達していなかったということですね。そんな触れ書きで打ち出したらお客様は当然、「なんぼのもんが出てくるんじゃい」と期待してお越しになります。そこで出てくるのがまぁ可もなく不可もないオムライス。当然、期待とのギャップが大きいので「ガッカリ」に繋がりますし、結果、リピートには繋がりません。

きっと職場などでも、「なんかイマイチだった」という口コミが広がるでしょう。

それに加えて、オムライス一本勝負なので、当たり前ですがオーダーは全てオムライスです。オムライスは、毎回一つ一つご飯を炒めるところから作るので、オーダーがたまるとものすごく長い時間お待たせすることになります。強気な触れ書きで興味を持って食べに来たものの、オーダーしてから出てくるのは遅いし、出てきたものも可もなく不可もなしだし、そんな店が気に入られるはずがありません。

実際に、お客様の数は日に日に減っていきました。そして毎日何十食もオムライスを作るわけですから、私の手首はすぐに限界を迎えて腱鞘炎になりました（笑）。

お客様の数が減ってきたことで、これはまずい！　ということになり、何か手を打たなければと模索するわけですが、そこで思いついたのがスタンプカード。一度食べに来るとスタンプを一つ貯めることができ、10個貯めると特別メニューが食べられるというものでした。特別メニューは何かというと、肉丼でした。オムライスじゃないんかい～！　とツッコミが聞こえてきますね（笑）。

オムライス専門店でオムライスを10回食べに行くとオムライスじゃないメニューが食べられるという、全くもって意味不明な企画です。さらにそのスタンプはちゃんとしたカードではなく紙に印刷したものを用意していました。スタンプカードならぬスタンプペーパーです。お客様はスタンプを貯める気があってもそのスタンプペーパーをなくさずに持っていることが難しい。スタンプを貯めることよりもスタンプペーパーをなくさずに持っていることの方が難しいという、最高難度のサービスです。

当時の私は、一生懸命やっていましたし、本気で店を繁盛させることを考えていました。繁盛店をつくる基礎が分かっていない、マーケティングが分かっていない、いいコンテンツ（料理）を作る技術もない、という状態でしたから、一生懸命やってもなかなか結果に結びつかないのは、今から振り返れば当然のことでした。

ちなみにこのオムライス屋は、その後試行錯誤を重ね、オムライスだけではなくローストビーフ丼も出すようにし、サラダバーを導入し、料理も改善に改善を重ねて、コロナ禍前には毎日満席で数名のお待ちが出るようにまでなりました。

その後、ありがたいことに今度はイタリアンレストランの立ち上げに挑戦するお話をいただきました。麻布十番という一等地で、業態もレストランという高単価の世界です。

一つ星イタリアンレストランで腕を振るっていた料理人をメンバーに迎え、料理のレベルは安心できるものでした。しかしレストランの経営となるとメンバー全員が初挑戦ということで、これまた右も左も分からない状態で走り出すこととなりました。

麻布十番でいい物件が見つかり、その物件を押さえたところからこのプロジェクトは始まったわけですが、その物件というのが店内に螺旋階段があり、ビルの五階、六階が中で吹き抜けになっているというものでした。そしてその螺旋階段には流木が絡めてあり、これがとても印象的なオブジェで、これをそのまま活かしながら店をつくろうということになりました。

また、関係者が当時ハワイにハマっていて、なんとなくハワイっぽい料理をやろうという話が上がっていました。ただ、シェフはずっとイタリアンをやってきた人間で、さらにハワイにまともに行ったことがなく、ハワイの料理がイマイチイメージできていませんでした。レストランですから、カフェっぽいハワイの料理を出しても何か違う、でもハワイ料理のコンセプトでレストランクラスにしようにも、何をどうしたらいいか分からないということで、立ち上げ早々に行き詰まってしまいました。

そこで苦肉の策でひねり出したのが、「リゾートダイニング」というコンセプトです。ハワイ料理に限定するとどうにも答えが浮かばないけれど、ハワイをリゾート地と捉え、高級リゾートに行って食べられるような料理というふうに拡げれば、イメージが湧いてくるのではないかということになりました。

それなら、シェフのイタリアンの腕前も存分に発揮することができます。

「リゾートダイニング」というコンセプトで走り出し、スタッフのユニフォームも、リゾートを意識したものにしました。

なんとなくオシャレな感じはするし、料理も美味しい。ただ、空中階ということで、立ち上げのときは認知を獲得することに大苦戦しました。なかなか存在を知ってもら

リゾートダイニングを
コンセプトにした
麻布十番のイタリアン
レストラン

えない、興味を持ってもらえないので集客ができない。お客様が一組もいらっしゃらず、売上ゼロ円は気持ち的に嫌ということで、店長が自らワインを一本開けるような日もありました。

そんな日々がしばらく続きながらも、シェフの料理は間違いないレベルですから、来てくださったお客様には満足していただいていました。そして少しずつですが来客数が増えていきました。

それでもまだまだ空席が目立ち、ノーゲスト（お客様がいらっしゃらない状態）の時間帯も多々ありという状態で頑張っていました。毎週打ち合わせを重ねて、何を改善できるか、意見をぶつけ合いながら話し合って、ある日行き着いたことがありました。それは、

「リゾートダイニングって、ダサくないか？」

ということでした（笑）。

ハワイ料理をやってみようかというところから始まり、なんとか形にできそうなのがリゾートダイニングというスタイルで、そのまま走っていたのですが、後から振り返ると、どうしたら売れるかという発想ではなく、最初になんとなく面白そうと思っ

たハワイ料理が難しそうなので、それではどう変形させれば近しいことができるかというところからの考えになっていました。

でも実際にオープンし、売上と向き合っていくと、何がやりたいかという視点から、どうしたら売上を伸ばせるかという視点になります。そうすると、自然に「何が求められているか」というお客様の視点になっていきます。そこで初めて全員で気づいたのです。リゾートダイニングって、ダサいと（笑）。そして安っぽい。

一度気づいてしまうとどんどん嫌になってくるので、すぐに変えることにしました。店名に副題のようにつけていたリゾートダイニングという文言を外し、店名の頭に麻布と付けて格式ありそうな感じにしました。その時点ではまだ格と呼べるようなものはなかったと思いますが、いずれそういうレベルに到達するという想いも込めていました。

料理もリゾートのレストランで食べられるような料理ではなく、フレンチの技法を融合させたイタリアンということで、フレンチイタリアンと呼ぶことにしました。

そんなこんなで、とにかくみんなで試行錯誤しながら少しずつ集客を増やし、なんとかやってきたという感じだったのですが、そこで、一つの議題が持ち上がりました。

それは、「コピーライティングに力を入れてみてはどうか？」ということです。ホームページや飲食サイトの文言については、思い付きでそれっぽいことは書いていましたが、ちゃんと勉強してポイントを押さえた文章を書くといったことはしていませんでした。

もしかすると、ここにはまだ大きな余地があり、集客への影響が大きいのではないかという仮説が立ちました。そこで早速、神田昌典さんが監修されていた書籍（『最強のコピーライティングバイブル』ダイヤモンド社）を見つけて、その本を隅から隅まで読みました。

理論を書くだけではなく、実際にその理論を当てはめて考えてみることができるようにつくられていて、レストランのホームページで謳う文言に取り入れるなら具体的にどう活かすといいのかも分かりやすく、書いてある理論をそのまま真似してレストランに当てはめてみることができました。

元々書いていた文章も素人なりに一生懸命考え、これが効果的なんじゃないかと行き着いた文言だったのですが、天下の神田昌典さんの理論ですから、きっと間違いないということで、全てリニューアルしました。

そうすると、どうでしょう。見事に予約が増えたのです。文言を変更する前の一ヶ月と変更した後の一ヶ月で、予約数が約10倍になりました。元々の母数が大きかったわけではないですし、一番はシェフをはじめとするスタッフの料理のレベルアップや接客のレベルアップの賜物だと思いますが、それでもやはり文言変更の効果も大きかったに違いありません。

この経験で、私は真似することのパワーを実感することとなりました。

私には元々クリエイター気質なところがあり、なにか自分のオリジナルを生み出したい、それで大当たりしたいという想いがありました。ですが、この出来事を通じて考えがガラッと変わりました。

「真似するってすごい！」

そこから私は飲食店経営をする上で、〈真似ること〉をいつも頭に置くようになりました。ウケている他店のコンセプトはどんなものなのか、ウケている他店の料理はどんな料理なのか、ウケている他店のサービスはどんなサービスなのか、まずはそのリサーチから始める。

そしてモデルにするものを決め、まずは真似して再現する。そこから変化を加えて

オリジナルなものにしていく。このやり方で様々なものを作り出していくようになりました。そして出来上がったものが良さそうかを考える上で、真似ているモデルと比較することができます。ゼロから自分で編み出して作り出すという発想ではないので、ある意味正解を定義しているわけです。正解があるということは、自分が作り出したものと正解を比較することができます。そうすると自分が作り出したものが良さそうかどうか、良くないならどこが良くないのか、発見することができるのです。

そして発見した改善点を、どう改善すればいいのかということも、正解があるので見えてくるのです。

真似をすると前述のようにポイントを押さえることができるので、手応えが得やすいということがありますが、さらに真似ているモデルを正解とすることで比較ができ、改善ポイントを見つけやすく、修正が容易になります。そうすると、手応えが得やすく、プラスの信念のスパイラルを起こしていけるようになっていくのです。

飲食コンサルティングの仕事で再生支援をすることもあるのですが、皆さんが陥りがちなのが、どこを変えればいいのか分からないということと、どう変えていいか分からないということです。

昔、起業のメンターが話してくれたことなのですが、ラジオは局が決まった周波数で放送していて、チューナーでその周波数に合わせるとその放送を聴くことができる。ズレていると放送が聴こえてこず、ザーという音が聴こえてくる。何かに取り組んで成果をつくるということも同様で、成功するためのポイントというものがある。

自分の選択がそのポイントとチューニングが取れていれば成果が出る、ズレていれば出ないのだと。

つまり店の経営がうまくいっていないのであれば、うまくいくポイントをうまく押さえられておらず、ズレたことを選択しているわけです。

ということは、どの選択がそのズレを起こしているのか、また、どう修正すればうまくいくポイントとチューニングが合うのかが知りたいわけですが、これがなかなか分からないのです。

うまくいっている店、もの、人を真似るということが、このズレているポイントの発見に繋がり、ズレているポイントをどう修正すればいいのかを発見することに繋がるのです。

その修正を加えていくと、結果が変わっていきます。成功のポイントにチューニングが合っていくわけです。

〈真似る〉ということは、このチューニングに大きな効果をもたらすのです。

真似ることが大切な理由 03

成功するポイントと自分の選択のズレを発見できる。

第4章

真似るための心得

How to create a prosperous store starting from scratch.

04

How to create a prosperous store starting from scratch.

01

〈真似るモデル〉の選び方

第3章では真似ることの価値を書かせていただきましたが、ここからは真似ていく上でどんなポイントを押さえていくと効果的なのかということについて、書いていこうと思います。

私は自分でもラーメン屋を経営し、他に飲食店のコンサルティングをしていますが、その中で一番大事にしていることは、真似ることです。

私がお手伝いさせていただいたお店が順調に成果を上げている理由は、この真似る力に他なりません。

ただし、そこには「真似道」とまでは言わないですが、重要な押さえどころがあります。そこを外して真似ても、なかなか結果には結びつきません。

私はどのようなポイントを押さえて真似ているのかについて、ご紹介していこうと思います。

まず、考えなければいけないことは、〈真似るモデル〉を決めることです。

ここがそもそもズレていては、いい結果に繋がりません。

一つ目は、当たり前のことですが、繁盛している、ウケているものを選択することです。「そんなこと素人でも分かるわ！」と言いたくなるところだと思いますが、ここにはポイントがあります。

私が真似るときは、一時的に繁盛している、一時的にウケていると思われるものは選びません。ここを区分けすることは重要なポイントだと思います。

例えば、タピオカミルクティーのようなものです。

素人目にも、タピオカミルクティーという商品は、一時的に爆発的な人気になっても、末永くずっと人気であり続ける商品ではなさそうなことは容易に想像がつくと思います。

もちろん、最初から短期的な利益目的という意図があって一時的と分かっていて参入するのはアリだと思いますが、そうではなく長く繁盛していく店を自分がつくりたいのだとしたら、一時的と思われるものは選びません。

商品について例を挙げさせていただきましたが、コンセプトや内装デザイン等も、繁盛していても一時的と予想されるものについては選びません。

本当に人のニーズを満たしている店や商品は長く繁盛するのですが、噂が噂を呼んで、「みんなも買っている商品だから気になる」「みんなも行っている店だから気になる」「流行っている商品だから気になる」というようになっているものについては、未体験のうちは気になって仕方ないけれど、一度触れてしまえばその欲求は満たされてしまいます。

そうなると、もうその店、その商品を引き続き選ぶ理由がなくなってしまうのです。

ひと昔前はSNSなんてなかったですし、インターネットもまともに普及していませんでした。そういう時代は本当にニーズを満たしている店や商品がウケて、そこに人が集まっていたのですが、現代はインターネット、SNSが普及しています。そして店も個人も自由に情報を発信することができ、その情報を誰もが受け取ることができます。様々な店の情報や商品の情報が発信されるようになり、興味深いものは「バズる」という現象を起こし、「気になるもの」として多くの人に認知されていきます。

そうなると、ＳＮＳで興味を持たれたもの勝ちなところがあり、そういう店や商品に一時的に人が集まります。ただ、それが本当にお客様のニーズを満たしていないものであれば、その繁盛は長続きしません。ウケて盛り上がっているうちはいいですが、リピーターがなかなか生まれないので、徐々に売り上げを落としていくこととなります。

ですから、繁盛している店、ウケている商品でも、未体験の人が気になる欲求が満たされていることが大きいのか、本当にお客様のニーズを満たしているからなのか、ここはよく見極める必要があります。そして、自分が長く結果を残せるようになりたいのであれば、本当にお客様のニーズを満たしているから繁盛している、ウケているものを真似していくことが大切です。

ここを見極める術は簡単で、**ある程度長く結果が出続けているかどうか**です。その期間はケースバイケースだと思うので定義はできないですが、ある程度の長い期間ずっと繁盛している、ウケているものというのは、本当にお客様のニーズを満たしているのだと思います。

前述の通り、私が２０２０年10月にオープンしたラーメン屋が、「ミシュランガイド東京 2022」でビブグルマンに選出いただきました。選出基準については教えていただけないので分からないのですが、自分なりに分析しています。

一番の理由は、もちろん、美味しいラーメンをご提供させていただいていることです。

食べに行く立場としては、ラーメンが美味しいかどうかが、圧倒的な判断基準になります。

立ち上げにあたって何人かの友人からラーメンについて勉強させていただき、身を粉にして尽力してくれた立ち上げメンバーがそれを実現したことによって、美味しいラーメンをご提供できています。

その上で、さらに何をしたらお客様に喜んでいただけるかということを、考えに考えました。

そして、とある有名ビジネス系 YouTuber の方が、特にその重要性について説いてくださっている、「クロスシンキング」という考え方にたどり着きました。

このクロスシンキングを実践することによって、多くの方がビジネスの実績を上げていらっしゃったので、まずこれを真似ようと思いました。

クロスシンキングは、４つの構成で成り立っています。

クロスコスト
クロスコミュニティ
クロスクリエイティビティ
クロスチャネル

クロスという言葉の通り、「掛け合わせる」ことによって成果をつくり出すという発想です。私は特にクロスコミュニティとクロスクリエイティビティという発想を真似ることにしました。

具体的にはどういうことかというと、私の経営するラーメン屋は、ラーメン界では珍しく、日本酒を前面に押し出しています。そこに、イタリアンレストランの経営経験から、ペアリングという発想を持ち込みました。

常時数種類の日本酒を用意し、ラーメンの商品ラインナップである醤油ラーメン、塩ラーメン、煮干し油そばにそれぞれ合うお酒をペアリングしてご提案しています。

「醤油ラーメンにはこの日本酒、塩ラーメンにはこの日本酒がおすすめです」といった具合です。これは「ラーメン」という商品とイタリアンやフレンチのワインの「ペアリング」という考え方を掛け算した、クロスクリエイティビティといえます。

日本酒を置いているラーメン屋さんは他にもありますが、私がラーメンを食べに行く側で日本酒が数種類から選べるとしたら、そのラーメンの特徴を一番理解している作り手に選んでいただきたいなと思いました。

ラーメンが数種類あるのであれば、おすすめを聞いたら、自分が何ラーメンを頼んだのかによって、違う答えが返ってくるだろうと想像がつきます。

しかしラーメン屋の運営は繁盛店ほど忙しく、そんな会話をお客様一人一人とゆっくり交わすわけにはいかなかったりします。

それなら、店側が予《あらかじ》めペアリングして、ご提案すればいいのではないかという発想です。

「ラーメン×日本酒」と掛け算して、さらにペアリングすることで、他にはないサービスが誕生することとなったわけです。

また、この掛け算によって、もう一つの効果を起こすことができます。それはクロスコミュニティというところに繋がってきます。

ラーメンにも日本酒にも、それぞれファンがたくさんいらっしゃいます。言わずもがな、私もその一人です。

そしてラーメン界も日本酒界も、SNSの発展により、様々なコミュニケーションツールを通じていくつものコミュニティができ上がっています。

オンラインで盛り上がっているコミュニティもあれば、オフラインでリアルに繋がっているコミュニティもあります。あらゆる商品のファンがコミュニティ化しているわけではありませんが、ラーメンと日本酒にはたくさんのコミュニティができていますから、掛け算をすることで、その両方に訴求していけると考えました。

こうして、クロスコミュニティの考え方を取り入れ、ラーメンだけよりも広範囲に訴求できるようになりました。クロスシンキングによって成功している事例は、無数にあります。そんな多くの実績をつくり出し続けている考え方をそのまま真似することによって、結果をつくることができたわけです。

また、私の店はカフェ風のオシャレな内装にしています。コンクリート打ちっぱなしの内装と、雰囲気のある照明、スタッフもデニムのエプロン姿です。

これは、渋谷区のとある大人気居酒屋さんを真似させていただきました。

ラーメン業態ではなく居酒屋業態なのですが、コンクリート打ちっぱなしスタイルの壁に木調の什器とステンレスのブラックを掛け合わせたオシャレな内装です。

その店はとても繁盛していて、若者がこぞって集まっていました。

出している料理は和食で、本来は純和風の内装の店で出てくるようなものばかりですが、それをオシャレなカフェ風の空間で食べるというのがウケていたのです。

2020年10月に
オープンした
ラーメン屋・麺屋彩音
の店内

そして重要なポイントは、女性のお客様がものすごく多いということです。

私はラーメン屋を開業するにあたり、女性にもぜひ来ていただきたいと考えていました。女性の友人の話を聞くと、女性にもラーメンが好きな方は多い。しかしながら、女性だけで食べに行く、ましてや女性一人で食べに行くというのは、周りの目が気になってしまい、なかなか行けないという声が多かったのです。

もちろんそのあたりのことを気にされない女性の方もいらっしゃると思いますが、気にする方が多いという実態を知っていました。

それはビジネス的に考えても勿体ないことですし、私は性別関係なく、ラーメンが好きな方に思う存分ラーメンを楽しんでいただきたいという想いがありました。ですから、私はこの居酒屋さんが女性も含め性別関係なくウケている実態を見て、このスタイルを真似させていただくことにしたのです。

その結果、内装への高評価をよくいただきますし、女性だけのグループ、女性お一人のお客様は、ものすごく多くなっていると思います。

この章の最初にも書かせていただきましたが、〈真似るモデル〉を間違えないことは大切で、そのポイントの一つ目は、**一時的ではなく長期的に結果を出しているものを真似ること**です。

これは店づくりや商品づくりでもそうですし、個人で何かを始めるときも同様だと思います。一時的に繁盛している店、流行っている商品、一時的に結果を出した人の成功の理由は、長期的に結果を出していけるポイントとは違うものであることが多いです。

もちろん、一時的にでも結果を出すことは簡単ではなく、本当に素晴らしい、尊敬に値することですが、長期的に結果を出していきたいのであれば、長期的に結果を出している店、商品、人から学ぶことが大切です。

前述のダーツのメンターも長く日本の第一線で活躍し続けている方でしたし、私の起業のメンターも、まさに長期的に結果を出している方です。

飲食店の経営の経験を題材に書かせていただきましたが、個人で何かを新たに始めたい、始めるだけではなく継続し、結果を出したいという方も同様だと思います。

一時的に結果を出すことは、運のようなものが絡んで起きたりするものです。

もちろん、一生懸命に努力している人だからこそ運が掛け算されたときに結果が出るわけですが、長期的に結果を出し続けようとすると、そうなる根拠を持ち合わせている必要があると思います。

皆さんが何か趣味を始めたい、仕事で新たな挑戦をしたい、留学をしたい、などなど、本当はやってみたいことがあるけれど最初の一歩が重い、始めたところで続くのか自信がないといった想いにお悩みであれば、その分野で長期的に結果を出している方を見つけ、メンターになってもらえばいいのです。

そうすれば、最速で道が開けます。

〈真似るモデル〉を選ぶ上でのポイントの二つ目は、真似しやすいものを選ぶことです。仮に長期的にウケている商品、長期的に繁盛している店、長期的に結果を出している方を見つけたとしても、それが到底真似できないと思われるものでは意味がありません。

ラーメンと日本酒のペアリングという発想も、醤油には旨味が強めのものや甘味の強い日本酒、塩には辛口の日本酒、油そばにはコクが強いものや個性的な癖の強い日本酒といった基本方針を決めて、それぞれのラーメンに合う日本酒を定期的に入れ替えながらご用意するのですが、ラーメンが3種類で、味も安定していますから、ペアリングという仕組みを真似するのはさほど難しいことではありませんでした。

カフェ風の店内にするというのも、そのまま同じような感じになるようにと業者の方にお願いするだけですから、何も難しいことはありませんでした。

これが一流フレンチの最新の技法を真似するとか、新進気鋭の空間デザイナーが手がけた幻想的で神秘的な世界観の店の内装を真似したいなんてことになると、おそらく似て非なる残念なものができ上がり、結局全然ウケないといった結果になると思います。真似しやすいものを選ぶことはとても重要です。ウケる商品を生み出すにも、繁盛する店をつくるにも、個人で何か新しいことや挑戦を始めて実らせるにも、**真似しやすいもの、真似しやすい店、真似しやすい人を選ぶ**ことです。

個人で何か始めるときには真似する人を選ぶことになりますが、真似しやすい人なのかどうかを見極める一つの目安は、

「その人を真似て、うまくいっている人がどれだけいるか？」

ということだと思います。長期的に結果を出している方でも、中にはいわゆる天才肌という人がいます。こういう人はなかなか真似ができません。真似しようにもなぜそんなに結果を出せるのか掴みどころがなく、本人に聞くことができたとしても本人も感覚で掴んでいて、どこが結果の原因なのか整理できていないし、人に教えることもできない。こういう人を真似しようとすると、教わることも、見て盗むことも難しくなってしまいます。

一方で、その人を真似ている人が他にたくさんいる、そして真似している人の中にも結果を出せている人がいるということは、その人の結果の原因は真似することが可能であるという証明なのです。

私の起業のメンターKさんは、まさにそういう人です。

ご自身の成功はもちろんのこと、多くの起業家を世に送り出している、つまり真似がしやすいということなのです。

三つ目は、これは商品づくりや店づくりには当てはまらず、人を真似るときだけのポイントになりますが、それは、本音のフィードバックをしてくれる人を選ぶということです。

ひとつの道で長期的に結果を出している人で、さらに人に教えることができる人は、学ぶ側の人間より多くのことが見えていますし、何が結果を出すために重要で、何が不要なのかを熟知しています。そして結果の原因が整理できているので、その人を見て、何を変えるべきか見抜くことができます。

ですから、もし皆さんがそういう人を真似て学ぼうとするならば、皆さんの何を変えるべきか、その人には見えているということなのです。皆さんが本当にその道で結果を出せるようになりたいのであれば、何を変えるべきか、当然知りたいですよね。でも感情的には、フィードバックは自分を否定されているように感じ、怖さがあるかもしれません。実は、フィードバックする側も同じことを思うのです。自分がフィードバックをしたら相手は怖くなってしまうかもしれない、不安になってしまうかもしれないという考えがよぎるわけです。私もメンターからたくさんのフィードバックを日々いただいていますが、以前、

「本当に愛のあるフィードバックは、ガラスの破片を握りしめながら殴るようなもの」

とおっしゃっていました。伝える側も心が痛いのだということです。

ですから、もし皆さんが真似ようとする人、メンターとする人から本音のフィードバックをいただけたとしたら、それは皆さんの成長や成功にとって必要なものであり、その人から愛を与えられているということなのです。

ですから、真似る人やメンターを選ぶ際は、本音のフィードバックをしてくれる人を選びましょう。

真似方の秘訣 01

・長期的に結果を出しているものを真似る。
・真似しやすいもの・店・人を選ぶ。
・真似る人を選ぶ際は、本音のフィードバックをしてくれる人を選ぶ。

「02
How to create a prosperous store starting from scratch.」

徹底的に真似をする

〈真似るモデル〉が選べたら、次に大切なことは、徹底的に真似をするということです。

商品であれ、店であれ、人であれ、なぜ結果が出ているのか、どこがポイントなのか、それは完全には分かりません。明らかな部分もあると思いますが、素人目では分からないところにも、結果の原因が隠れていることはたくさんあります。

私がコンサルティングさせていただいた、港区の中華料理の店があるのですが、その店の商品開発にも真似ることを取り入れています。

コンサルティングのご依頼をいただいた時点では、その店は中華ではなくお酒をコンセプトにしたダイニングバーでしたが、根本から見直してリニューアルしたいとのご相談をいただきました。

一つポイントだったのは、元々お酒をコンセプトにしていたこともあり、料理の担当はガチガチの料理人というわけではない方でした。

元々看護師をしていた男性で、個人的に料理に興味があり腕を磨いてきたところ、意欲や人柄などを買われてそのダイニングバーの料理を担当することになったという方でした。

飲食のコンサルティングをする上で、私の考えとしては、接客など料理以外の部分もとても大切だと考えていますが、やはり一番大事なのは料理が美味しいことです。

そこで、このお話をいただいたとき、まず最初に頭を悩ませたのは、経験豊富な料理人がいないということでした。もちろんその料理人の方も本当に努力家で素晴らしかったのですが、リニューアルして繁盛させたいという目的を達成しようと思うと、悩ましいポイントであったのは紛れもない事実です。

そこから私は、どうやったらこのお話を成功させられるかということに頭を悩ませ始めました。料理人の現時点での力量は伸びしろたっぷりであるという条件で、どうすれば繁盛させられるか、考えに考えて出した答えは、極力繊細な料理の腕が問われないメニューにするということです。

和食は言わずもがな繊細で、出汁の取り方、肉や魚への火入れなど、膨大な経験値を積むことによって感覚レベルでやっと身につけていける部分があまりにも多い。イタリアンも、パスタにしても素材からどれだけ丁寧に出汁や旨味を取れるかが勝負になりますから、これもなかなか難しい。そうやって各国の料理や人気の料理について考えて取捨選択をしていった結果、辿り着いたのが中華だったのです。

もちろん中華も下処理や油通しなど本当に美味しいものを作るならこだわるべきポイントは多いのですが、他の料理に比べると調味料の味勝負なところが強く、発展途上の技術でも、満足できるレベルの味を提供できるジャンルだと思いました。

そうして中華をコンセプトに店をリニューアルすることになったのですが、どんなメニュー構成にするかを考える中で、まず看板メニューをつくろうということになりました。

その商品単体の力で集客ができるような、またリピートも生めるような、そんな看板メニューをつくろうということで議論が走り出しました。

そこで私が提案したのが、真っ白な担々麺です。

飲食店に興味のある方や外食をよくされる方はもうご想像いただけているかもしれませんが、この真っ白な担々麺こそが、まさに真似することにより生まれたメニューです。

渋谷区のとあるうどん屋さんで、白いカレーうどんを出していらっしゃる店がありますそしてその繋がりなのか、インスパイアなのか不明ですが、別の人気うどん屋さんでも同じような白いカレーうどんを扱っています。これがまた見た目のインパクトがすごいのです。真上から見ると器の中が一面真っ白で、当然スープもうどんも全く見えません。まさに今求められている「映え」の要素を分かりやすく持っている商品です。

もちろん私も食べに行ったことがあるのですが、真っ白なものの正体はふわふわのムースで、その下からカレーうどんが出てきます。カレーうどん自体は辛さもスパイシーさも強めで、これが上のムースと混ざり合うことにより、マイルドかつスパイシーな何ともいえない美味しさをつくり出しているのです。

分かりやすい見た目、美味しい味、人気になるのも納得の商品です。

看板メニュー、
真っ白な担々麺

この商品を真似して別の商品をつくれないかということを考え、真っ白な担々麺という発想が出てきました。

担々麺とカレーうどんは、辛みのあるスープと麺という構成は一緒なので、同じようなことが成り立つのではないかと考えたのです。

こうして、真っ白な担々麺の商品開発が始まりました。

ベースの担々麺の開発については、私もラーメン屋を経営していますし、私が飲食のコンサルティングをする際のパートナーである料理人も、多少中華の経験があったので心配はありませんでした。

あとは、上にのっている白いムースです。これをどうやったら再現できるのか、試行錯誤を重ねました。

最初は、柔らかすぎて、すぐに担々麺に溶け込んでしまいました。もっと粘度のあるムースを作るためにいろいろと工夫を重ねましたが、今度はボテッとしてしまったり、やっぱり緩くなってしまったりと、なかなかうまくいきません。

なんとかそれっぽいものができたと思いきや、オペレーションが大変すぎてとてもじゃないけど看板メニューで頻繁に頼まれると対応できない……。

そんなこんなで散々産みの苦しみを味わったのち、やっと満足のいくものが完成したのです。上から見るとまさに真っ白で、下のスープと混ざり合うとクリーミーでマイルドな担々麺ができ上がり、本当に美味しい。白いカレーうどんで味わったあの感動を担々麺で実現することができました。

こうして完成した真っ白な担々麺が、今、看板メニューとして多くのお客様に喜ばれています。

この商品開発で大切にしたことは、徹底的に真似をするということです。なんとなく上から見て白っぽければいいよねとか、味がそれなりに美味しければいいよねという基準で真似をしていたら、きっとみすぼらしく貧相なムースがのったしょぼい担々麺ができ上がって、食べてみてもムースとスープがマッチしていないような、このムースがない方がむしろ美味いのでは？　みたいな商品ができ上がっていたと思います。

真似をするときは、「なんとなくそれっぽければいいや」ではなく、徹底的に真似ることがポイントです。

白いムースができるだけ同じ見た目、同じ強度、同じ食感、同じ美味しさになるように、徹底的に研究を重ねました。そして、下の担々麺の美味しさにもとことんこだわりました。白いカレーうどんがムースの見た目だけでウケているのではなく、下のカレーうどんも感動レベルに美味しかったからです。だから長くウケ続けているのです。

ですから、白いムースを作るだけでとんでもない苦労があったのですが、それだけではなく、下の担々麺の開発も徹底的にこだわりました。カレーうどんと担々麺でメニューは違いますが、辛さの度合いを合わせ、出汁の旨味の強さや塩味の調整も徹底的に真似ました。

その全てが、上のムースとの融合の際、美味しくなるかならないかに大きく関わっていて重要なものだからです。長くウケている商品にはそれだけの理由があるのです。だから、一つ一つの要素を軽んじてはならないのです。

そうやって細部にこだわって何度も何度も試作を重ね、真っ白な担々麺がつくられました。

メンターのKさんが教えてくれたのが、**教わるとき（真似するとき）は参考にする**

のではなく全部取りすることが大切ということでした。

「参考にする」という真似方では、自分がいいなと思ったところだけを取り入れ、ピンとこないところは無視してしまいます。

しかし、そのピンとこないで無視してしまうところにこそ、今の自分では気づけていない結果の原因が詰まっているのです。

参考にしている程度では、いつまでも今の自分で気づけていることしか目につかないし取り入れないので、結果が大きく変化することはないのです。だから、真似するときは全部取りするのがポイントです。

何がポイントなのか分かっていなくても、とにかく全部真似しようとしてみる。

逆にここがポイントではないかと見当がついていたとしても、そこだけではなく全部取りをして真似をすること、これが大切なのです。

私はKさんからそのようにずっと教わってきたので、この効果的な真似方が身についています。ですから、この白い担々麺という商品開発をする上でも徹底的に真似るということを実践し、無事に看板メニューとして愛される商品を生み出すことに成功しました。

商品開発や店づくりにおいて、自分の分析力を過信して、「参考にする」といった真似方をすると、本当にウケている結果の原因を取りこぼしてしまうことになりかねません。

また、結果の原因は複数要因の掛け算だったりします。

例えば、三つの要素がうまく掛け算されていることによってウケているのだとしたら、そのうち二つだけ真似してもウケないといったことが起こり得るのです。

真似るときは、徹底的に真似ましょう。

また、これは人から学ぶとき・真似するときも同様だと思います。

私はメンターの一挙手一投足を真似てきました。

アドバイスが理解できないことも、フィードバックで何を言われているか、何故言われているのか分からないことも多々ありました。今でも、理解が追いつかないことはあります。

でも、とにかくまず受け入れてみよう、どうやったらメンターが言わんとしていることを真似できるかということを考えるようにしてやってきました。そして散々その努力をした先に感覚が掴めてきて、そうなってから振り返ると、なるほどそういうことかと、言語化して理解できるといった感じです。

Kさんが、結果をつくる人の真似方・学び方は、

「単純・素直・即実行」

とおっしゃっていました。

単純と思えるくらいそのまま真似しようとすること、疑わず素直にやってみること、忘れないうちにすぐにやってみること、これを積み重ねていくことが効果的に真似る秘訣だと教えていただきました。

別の言葉では、分かるからやるという順序ではなく、やるから分かるという順序だということも教えていただきました。これらの言葉はものすごく単純なのですが、実際にやってみると難しい。

特に、自分なりの創意工夫をしたいと考えている人は、何かを学んだときに、まず頭で理解しようとしてしまいがちです。そして、理解ができたらやってみようという順序なのです。

そのため、今の自分で理解できる範囲のことしか取り入れて行動に移せないので、なかなか劇的な変化を手に入れることができません。理解する段階で、大事な情報が

落ちてしまうのです。

私も、この落とし穴にハマりやすいタイプです。自分で創意工夫してみたがるタイプなので、どうしても、学ぶときにまず頭で言語化して理解しようとしてしまいます。一生懸命考えているし、新たな試みもしているのだけれど、どうしても結果が思うように変わらない。起業し始めの頃、様々なことをメンターから学ばせていただいたわけですが、この落とし穴にハマって、大事な情報を落としていたのだと思います。

その反省を活かして、今では真似するときは単純・素直・即実行。

頭で理解しようとするのではなく、そのまま真似することをまずやって、いかにそのまま真似できるかという点で考えるようにしています。

ラーメンの味づくり、商品開発、内装デザインなども、まずはウケているものを徹底的に真似るのです。

自信がなく行動に制限がかかる人も、単純・素直・即実行がなかなかできない場合が多いですね。頭では分かっているけれど、行動に移す勇気がない、周りにどう思われるかが気になってしまう、できなかったらどうしようと考えてしまう、などなど。

私もビビリなので、この気持ちはよく分かります。ただ、その気持ちに負け続けていたら、どんな解決の糸口も全て無意味になってしまいます。どこかで行動に移す必要があるのです。このような人向けのメンタル的なアプローチとして、「根拠のない自信を持ちましょう」とか、「できるようになった自分をイメージしましょう」とか、そういうアドバイスをよく見かけますが、個人的にはそれはなかなか難しいと思ってしまいます。

自信を持つという感覚が分かっていないし、できるようになった自分も同様で、イメージできないのです。

「では、どうすればいいんだ」という声が聞こえてきそうですが、私は個人的には逆の考えを持っています。恐れている失敗は、本人が思うほど深刻な問題ではないという考えです。

自信がない人は、失敗でとてつもなく大きな痛手を負うように感じている場合が多いと思います。

前述した斎藤一人さんのお話のように、平気な人からしたら平均台から落ちるくらいのことが、自信がない人にとっては奈落の底に落ちるような恐怖を感じているのです。ですから、私が考えるのは、実際にやってみて、失敗してみればいいということです。

奈落の底に落ちると思っているのは本人の思い過ごしで、実際は平均台から落ちるだけなのですから。このことを体験を通して味わうことが、何よりの解決策だと思います。

だから私は、「自信を持って！」といった励ましは、あまりしようと思いません。不慣れなことにチャレンジしたら、失敗することの方が多いと思うからです。

無責任な勇気づけをするよりは、恐れている失敗が、実はたいしたことではないということを早く経験することが大切だと思っています。

勇気を出してやってみて失敗したけれど、たいしたことなかったかも……、という体験をすることが、一番の解決策です。

失敗に慣れてしまえば、失敗することに対しての解釈が変わり、失敗を覚悟することができるようになれば、あとは前に進むだけです。

ですから、徹底的に真似て、失敗してみましょう。平均台から落ちて、地面に下りるだけです。なんてことはありません。

失敗というものに慣れてしまえば、あなたはもう怖いものなしです。どんどんチャレンジができます。うまくできる自信なんてなくていいんです。そんなものは散々やってうまくできるようになったときに手に入るものなのですから。

自信という原動力があるから行動できるのではなく、**失敗から逃げるというブレーキが外れれば行動できるのです。**

真似方の秘訣 02

・参考にするのではなく、全部、徹底的に真似る。
・失敗はたいしたことではないと、体験を通して知る。

第5章

繁盛店のつくり方

How to create a
prosperous store
starting from scratch.

05

ここまで、真似ることの大切さ、真似る上でのポイントについて書かせていただきましたが、最後となる本章では、それらのポイントを踏まえ、繁盛店のつくり方について書いていきます。

私の、飲食や事業活動にかける想いもお伝えできればと思います。

繁盛店をつくる上で大切なことを私の経験から書いていきますが、必ずしもお店を成功させたい方にだけ当てはまる話ではありません。

お店に限らず、仕事でも趣味でも何かを始めたい方、続けたい方、そして実らせたい方にとって、大切なことが詰まった必読の内容となります。

私が自分の飲食店を経営する上でもコンサルティングをする上でも大切にしていることを、全て洗いざらい書いてしまおうと思います。

01
How to create a prosperous store starting from scratch.

私の食いしん坊エピソード

私は食べることが本当に好きで、小さい頃から食べ物への執着がものすごく強く、食べ物に関する思い出がたくさんあります。

家では、炊飯器にご飯が残っているのを見つけると、勝手に塩おにぎりを作ってよく食べていました。子供なので下手くそで、手をご飯粒だらけにしながら無我夢中で食べていた記憶があります。

塩が効いたご飯が好きで、塩をもっと増やしたらもっと美味しいのではないかと、たっぷりかけたおにぎりを作って、しょっぱすぎて悶絶したのを覚えています。

ちなみに、大学生になってもやらかしています。

トンカツ屋で調理のバイトをしていたときに、牡蠣フライにどハマりしまして、これは牡蠣を3つ固めて大きい牡蠣フライを作ったらとんでもない幸せが味わえるのではないかと考えて、実践したことがあります。

とてつもなく生臭かった（笑）。

牡蠣特有の匂いが、一つだとそれがまたいいという感じで美味しいのですが、3つ集まると衣やソースとのバランスが悪く、大谷翔平選手が少年野球で全力で投げるくらい圧勝してしまい、思わず吐き出したくなるほど不味かったです。

食べ物に関するエピソードは、まだまだあります。

私は実家の母親が作るカレーが好きで、小さい頃から毎回3杯は食べていました。お陰で、小学校のときは学校で一番のデブでした。

それから、ある日、食卓で鯵の開きを食べていた私は、親に、「この魚はこのまま泳いでるの？」と聞いたそうです。親は「めちゃくちゃ（塩が）染みるわ！」と大爆笑だったようです。本人としては、カレイやヒラメが頭に浮かんでいて、こういう魚もいるよなと考えていたのだと思いますね。

中学生から高校生にかけては、チャーハンにハマった記憶があります。暇さえあればチャーハンを作っていて、家族みんなの食卓に上げてもらったこともありました。

高校三年生のとき、初めての彼女のために作った手料理は、和風ハンバーグでした。

母親に作り方を習い、一生懸命作って振る舞ったのを覚えています。

めんつゆを使ってソースを作ったので、失敗のしようがないレシピでしたね。おそらく、いい感じのものが作れたと思います。

想い出を語り出すとキリがないのでそろそろ先へ進もうと思いますが、このように、私は食べることへの興味関心が絶えない人間です。

ただ、職業にしようとは考えていませんでした。いい大学・いい会社に入ることがいい人生を手に入れる最善の策だと考えていたので、収入的に豊かになるイメージがない飲食の仕事は、選択肢に入れていませんでした。

飲食の仕事でも事業主として成功すれば経済的な豊かさを得ることは十分可能だと思いますが、当時は従業員として働くことしか視野になかったので、そこは想像できていなかったのでしょう。

そこで、飲食の道は全く考えず、最初の方で書かせていただいた通り、システムエンジニアとして社会人のキャリアをスタートさせました。

職業としては飲食の道へ進まなかったのですが、食べる側としては、いろいろな店を食べ歩いてきました。

高級な店はほぼノータッチで、ラーメンをはじめ、いわゆるB級グルメ的な店や、手軽に行ける店が中心でした。

社会人1年目～2年目は、給料のほとんどをダーッと食べ歩きに使い、4000円くらいする天丼やハンバーグなども食べに行っていました。

この経験が、後の飲食コンサルティングの仕事に、ものすごく活きることとなったのです。

散々食べ歩いてきたので、食べる側の視点でどんな味を美味しいと思うか、どんなビジュアルにワクワクするか、どんな事前イメージがあると期待が膨らむか、などの感覚を掴むことができたのです。

これは、繁盛店をつくる上でものすごく大切なことです。

やりたいようにやって、作りたい料理を作って、それがたまたまウケるという可能性は高くありません。多くの飲食店経営者が、この問題を抱えています。

自分がどんな店をやりたいか、自分がどんな料理を作りたいかばかり考えていても、それがお客様側から見て魅力的なものでなければ、当然繁盛には繋がりません。

この問題に陥っている方のほとんどが、「いやいや、それはもちろん、お客様にウケるかどうか考えているよ」と言います。

でも、実際にウケてはいない。それはなぜだと思いますか。

これは、自分がお客様だったらどうだろうか、ということしか想像していないからです。

人はそれぞれものの捉え方や何にアンテナを張っているか、何を良しとして何を悪しとするか、などの感覚が違います。

当然、飲食店や食べ物、接客についても同様です。どんなコンセプトに興味が湧くか、どんな雰囲気、どんな料理、どんな接客を好むか、どんな事前情報が舞い込んできたら行ってみたいと思うか、行ってどんな体験をしたらリピートしたくなるか、これは人によって違うのです。

一人一人バラバラとまでは言いませんが、タイプによって分かれるような感じだと思います。

そうなると、自分がお客様だったらどう思うかだけを考えていると、とても限られたタイプを想定していることになるかもしれません。違うタイプの方は違う感想を持つかもしれないですし、そもそも違うことに興味を持つので自分がやっている店のコンセプトや料理には興味すら持たないかもしれない。

ここを理解していることが大切なのです。

例えば、あなたが待ち合わせをしていたとします。あなたは時間や人のミスに寛容な人間で、多少の遅刻は全然気にしない人だとします。

そんなあなたは、今、待ち合わせの時間に遅刻しそうになっています。自分のことしか考えない自己中人間なら、遅れる旨を一報入れようかなんて考えもしないかもしれないですが、あなたはそういう人間ではないとしましょう。

遅れそうな時間は2、3分ほど。人の遅刻に多少なら全然気にしない寛容なあなたが、相手の立場に自分が立っていたらと考えました。わずか2、3分、それなら全然気にならない。そのくらいあるでしょうよと思える。わざわざ連絡もしてこなくていいよと思う。ですからあなたは一報を入れないという選択をした。

ところが、待ち合わせ場所に着くと相手はカンカンに怒っています。理由は簡単ですね。遅刻をしたこと、そしてその旨の一報もないことに怒っているのです。あなたがすべきことは誠意を持って謝ることです。ここで「なんだよ2、3分くらいでー！」とか、「そんなカリカリすんなよー！」とか言ってしまった日にはもう大変です。

元々予定していたことは中止になるか、この世の終わりのようなものすごく気まずい空気の中で進行することになるでしょう。今何が起きたのか。そもそも遅刻しないことがベストではありますが、訳あって遅刻することとなった。相手の立場に立って考えもした。そして正しいと思う選択もした。だけど結果は大惨事になってしまった。

ここで大切なことは、待たされている人は、あなたではないということです。

自分とは違う人がそこにいるのです。

自分は多少の遅刻なら気にも留めないとしても、待たされているその人はそういう考えではないかもしれない。

遅刻するということは、約束を破ることだ。お金を借りて返す約束を破って返さないのも約束した時間に遅れることも同罪、と考えている人かもしれないのです。

ですから、〈あなた〉という人間が待たされているなら2、3分の遅刻に事前の一報は不要ですが、〈その人〉が待っているのであれば事前の一報は必要なのです。

ましてやそのことによって相手がカンカンになっているのに、それでも自分と違う価値観を受け入れることなく「そんなに怒らなくてもいいだろう」などと言ったとしたら、もうおしまいですね。

これと同じことをやっている飲食店が、実はものすごく多い。

ただただ自分のやりたいようにだけやっているのは論外ですが、ちゃんとお客様側の視点で考えて、よさそうな店をつくっているつもりなのに繁盛しない。悪くない店だと思うんだけどな、美味しいと思うんだけどな、と首を傾げている。これは遅刻したあなたと同じことなのです。

自分という人間がお客様だとしたら、という視点で考えている。

問題点は二つあります。

一つ目は、あなたの趣味嗜好だけで考えてしまっているということです。あなただったら「いいな」と思う店、あなただったら「美味しいな」と思う料理。

二つ目の問題は、店を選ぶところから考えていないということです。

想像しているのが、「すでにこの店に来ている状態」からなのです。

この店をお客様が選んでくれたという前提で、この内装を見てどう思うか、この料理を食べてどう思うか。

これは、「リピートしたくなるか」という話ですよね。


でも、新規のお客様は、他の店と比べているわけです。もしくは、飲食店の情報が、なんとなくスマホから目に飛び込んできている状況です。

どの店にしようかと比較検討しているお客様に、「行ってみたい」と思われる必要があります。

スマホから目に飛び込んできた状況なら、思わず目に留まる必要があります。

あなたの店は、選ばれそうですか？

いかがでしょうか。ここでハッとする方も少なくはないかと思います。

まずは、選ばれなければ始まらないのです。選ばれなければ新規のお客様は入ってこないし、入ってこないお客様がリピーターになることは当然あり得ません。

そもそも、初来店とならなければ、何も始まりませんよね。

このように、〈自分〉という視点だけで考えてしまうと、趣味嗜好が偏り、すでに店に来ている状況しか想定していないということが起こるのです。

これから、繁盛店をつくるポイントとして三つのファンづくりの秘訣について書いていこうと思いますが、**ファンをつくる上で重要なことは、ファンになる可能性がある方々の立場に立って、気持ちになって、状況を想像して考えることです。**

〈誰〉に〈どうお役に立てる〉店なのかを考える必要があるのです。

〈誰〉というのは、ターゲットの方々ですね。

〈どうお役に立てるか〉というのは、その方々にとって自分の店に行こうと思う理由は何か、行って満足する理由は何か、また行きたいと思う理由は何か、ということです。

つまり存在する理由ですね。

人間で考えてみると、分かりやすいと思います。

自分という人間が何のために存在するのか、それが自己満足的な理由で実際には誰にも必要とされていなかったら、そんな寂しい人生はありません。

店も同じです。自己満足的な理由で存在していて、誰にもさほど必要とされていなかったら、寂しいですし、すぐに閉店で終了です。

ただ、どんな店が必要とされるのかは、ターゲットの方々によって違います。

ですから、誰に、どのように、お役に立てる店なのかということです。

ターゲットの方々を定め、自分の価値観ではなくその方々の価値観に立って、どんな店なら行きたいと思うか、どんな店ならリピートしたくなるか、どんな店なら周りにシェアしたくなるか、そう考えることが繁盛店をつくる大前提です。

02
How to create a prosperous store starting from scratch.

コンセプトのファンづくり

三つのファンづくりの秘訣、その一つ目は、「コンセプトのファンづくり」です。

繁盛店をつくる上で、コンセプトはものすごく大切です。

コンセプトは店づくりの全てに通じるものなので、全体を大きく左右します。

ですが、実際に多いのはこのコンセプトがそもそもない、もしくはあいまいであるということです。しっかりしたコンセプトがないので、内装は内装のことだけを考えて決められていて、料理をどうするかは料理のことだけを考えて決められていて、接客は接客のことだけを考えて決められていて、それぞれがちぐはぐでバラバラといった具合です。

このような店は、それぞれを単体で見ると悪くはないのだけれど、何者でもないのです。何を打ち出していきたいのか、どんな価値を提供していきたいのか、それが全く店全体から伝わってこないので、なんとなくそれっぽいのだけれど、誰からも選ばれないのです。私はこのコンセプトを、店づくりの要と考えています。

コンセプトがしっかり定まっていて、それが内装、料理、接客、デザイン、コピーライティング、全てに反映されていると、そこには「世界観」が生まれます。

私の感覚では、コンセプトは言語化できて定義できるもの、世界観はそのコンセプトを表現したことによって体感するものだと思っています。コンセプトだけあっても、世界観に落とし込まれていない店も多々あります。

企業の社訓も、似たような面があるかもしれないですね。

言語化されて掲げられてはいるものの、それがどこにも表現されていないために、社員には全く浸透していないし、その社訓に沿って仕事をしている人はいないという企業もあるのではないでしょうか。

店づくりでもコンセプトを世界観に落とし込むことはものすごく大切ですし、そうなってこそ、お客様はコンセプトを体感することができます。

それでは、まずはどのようなコンセプトにすることで繁盛店になるのかということについて、書いていきます。

前述しましたが、自分の店が、ターゲットにしていきたい方々にとってどうなのかということが重要です。その方々にとって、興味深いコンセプトであること、これが必須事項です。

その上で、逆の面もものすごく大切です。

自分が自分の店を通じてその方々にどんな価値を提供していきたいのか、どんな影響を与えていきたいのか。その想い・情熱が、店のコンセプトとしてしっかり定義されていれば、ものすごくパワフルです。そうではない店とは、伝わり方が全く違います。

一方で、自分の想いや情熱だけをぶつけても、ターゲットの方々にとってそれが興味深いものでなければ伝わらない。この両面を達成できるコンセプトを掲げていくことが大切です。

私の場合は、飲食をアミューズメントにしたいという想いがあり、このことに情熱を持っています。

アミューズメントとは、楽しみなこと、気晴らしになることと捉えています。

例えばアミューズメントパークとか、大好きな友人とのカラオケとか、そこに行くことで思いきり楽しい気持ちを味わえたり、何かたまっていたことがスッキリできて前向きになれるようなものはとても価値があると思いますし、食もこの価値を持っていると思うのです。

日々の頑張りの中で、うまくいくこともあればいかないこともある。心が絶好調で前向きなこともあれば、失敗してしまって凹んでいることもある。そんな毎日で、飲食というものは、数日休まなければ行けない旅行やわざわざ遠くに出かけてやっと辿り着けるアミューズメントパークより、とても身近です。

ですから私は、飲食はアミューズメントの役割を担えると思っていて、店をつくるなら必ずこの役割を担える店にしようと考えています。

私が関わる店に来てくださることによって、幸せで満たされたり、元気をもらったり、凹んでいた気持ちが少し軽くなったり、前向きになれたり、目標に向かって頑張ろうとスイッチを入れ直せたり、そんな影響を与えられればと思っています。

このように、自分が自分の店を通してどんな価値を提供していきたいのかを整理していくことが大切です。

それを表現でき、かつターゲットの方々にとって興味深いコンセプトを考えるのです。

コンセプトづくりについては興味深いものであることが大切なわけですが、この興味深さをつくり出すためには、お客様にとっての新鮮さが大切です。他でもよくあるコンセプトでは、安心感はあるかもしれませんが、興味深さはありません。

なんとなくどこかに入りたいというお客様だけではなく、自分の店を目がけてくるようなお客様を集客していきたい場合には、興味深さが大切です。私がそれをつくり出すためによく用いるのが、前述のクロスシンキングです。

第4章で書かせていただいた通り、多くのファンがいるものを掛け合わせること、掛け合わせたものが合いそうであることもポイントです。

例えば、ラーメンとチョコレートはどちらもファンがたくさんいますが、その掛け合わせは美味しそうではないですよね。

それぞれにたくさんのファンがいるもので、掛け合わせても合いそうと思えるものであることが大切です。全く目新しいコンセプトというのは、受け入れてもらえるのに時間がかかります。仕掛ける側からすると面白いような気がするのですが、お客様は失敗したくないのです。ですから、どちらかというと保守的に吟味します。そうなると、よく分からないものは、心も躍らなければ不安も感じるので候補から外れてしまうのです。

目新しいコンセプトは受け入れてもらいにくいけれど、興味深いコンセプトである必要がある。この問題を解決しやすいのがクロスシンキングです。

すでにファンの多いもの同士を掛け合わせることで、興味を持たれやすくしながら、掛け合わせとしては目新しいということが達成できるのです。

自分の店を通じて提供したい価値が整理されていて明確で、興味深いコンセプトとして表現されていて、そしてそれが体感できるように店のあらゆる面に世界観として落とし込んでいれば、コンセプトのファンづくりは成功です。

内装デザイン、スタッフのユニフォーム、メニューデザイン、食器類、接客の仕方など、全てにおいて、「このコンセプトを表現するとしたらどのようにするか」というところから決めていく必要があります。

よくありがちなのが、コンセプトを表現するということが抜け落ちていて、スタッフのユニフォームを決めるときはただなんとなくカッコいいものにしようとか、食器類はなんとなく可愛いものにしようとか、それぞれ独立して思いつきで選択していて、店全体がバラバラになっているということです。これをやってしまうとそれぞれは悪くないのだけれどなんだか記憶に残らないという店になってしまい、リピート率は下がります。

コンセプトを表現するという統一的な観点でそれぞれを選択することで、世界観のある店づくりができます。

繁盛店のつくり方 01

- コンセプトのファンづくりをする。
- コンセプトが世界観に落とし込まれていること、統一感を持っていることが重要。
- コンセプトづくりは掛け算も有効。

03
How to create a prosperous store starting from scratch.

コンテンツのファンづくり

三つのファンづくりの二つ目は、「コンテンツのファンづくり」です。

飲食店の場合、コンテンツにあたるのが料理や飲み物ですね。美味しい料理、美味しい飲み物をお出しすることです。

味について一つ言えることがあるとしたら、ターゲットの方々にとっての美味しいを満たす味を作ることですね。

例えば、自分が若くて、味が濃くて油っこいものを美味しいと思うとして、店は年配の方を対象とした割烹だとしたら、当然、味が濃くて油っこいものを出していてはお客様には選ばれないですよね。個人差があるので年配の方といっても一括りにはできないのですが、概ねこのような嗜好がありそうだという予想は立てられますから、ターゲットにする方々の嗜好的にはどんな味が美味しいとされるだろうかということと

を考えて味を作ることが大切です。

ターゲットの方々にとって、美味しい味になっているかどうかは、コンテンツのファンづくりをする上で最重要です。

いわゆる「映え」もスマホとSNSの時代では料理作りに欠かせないポイントで、新規顧客の獲得には役立ちますが、リピートに繋がるのは、断然味です。

美味しいからこそ、また体験したくなるのです。

私がお手伝いさせていただく店でも、見た目の豪華さや面白さにもこだわりながら、やはり、ターゲットの方々にとって美味しいと思う味を的中させることが、一番重要です。

私は料理人と二人でコンサルティングのお手伝いをさせていただくことが多いのですが、その料理人のナチュラルな好みは、薄味で酸味の効いた味です。

ですが、とあるコンサルティングの案件で、彼の嗜好より味の濃いものを作らなければならないケースがありました。私はターゲットの方々が美味しいと思う味を作ることが大切だと考えていますから、彼には自分の味の基準ではなくそのターゲットの方々が美味しいと思う基準の濃さで開発しようと伝え、一緒に中華のランチに行って「これは濃い、これは薄い」と二人でブツブツ言いながら食べたり、彼は市販のドレッシングを買い漁って濃い味を覚えようとしたりしました。

また、大阪の健康系のランチのお店をお手伝いさせていただいたこともあります。そちらのお店は、現在のメニューを見させていただいたところ、とても綺麗で美味しそうなビジュアルのメニューばかりでした。これで、なぜコンサルが必要なのかと疑問に思ったくらいです。

よほどセンスのある料理人がいるのだろうと思いました。実際、料理人の方はとても丁寧に仕事をする方で、調理もきっちりしていました。

ですが、全てが薄味に作られていました。

健康にいい食事というマーケットは、ある程度あると思います。同じ大阪で健康系の店で繁盛している店も多数ありました。

ただ、この店は裏路地を入った奥まったところにあり、普通に営業したら近隣で働いている方々や住んでいる方々のみが対象となりそうでした。そんな立地で十分な売上を上げるにはどうすればいいかを考えたわけですが、そこで至った結論は、日頃から健康にいい食事を求めている方々に加え、そこまではない方にも来ていただけるようにするということでした。

健康が大切であることは、ほとんどの人が認識していることで、そのためには食事に気をつける必要があることも理解されていると思います。

でも、本当に毎日の食事を健康第一で選択されている方は、多くはないと思います。この方々だけをターゲットにするのでは立地的に集客が厳しいので、もう少し範囲を広げて、頭にはあるけれど具体的な習慣にまではなっていない方々もターゲットとして考えるようにしました。そうなると、逆の発想が必要になったのです。

それは、

「健康が頭にはあるけれど、健康系の食事を習慣にしていない理由は何だろうか？」

ということです。

頭にあるのに選んでいないということは、選びたくなるほどの魅力を感じていなかったり、健康と引き換えにデメリットを感じているからだと思われます。それはどんなことなのかということを深掘りして考えました。

そこで出た答えが、「健康系の食事は味気ない」ということです。

健康にはいいかもしれないけれど、幸せになるほど美味しいかというとそうではない。多くの人は、長期的な利益よりも短期的な利益に走ってしまう傾向があります。

ダイエットがなかなか続かない私は、この文章を書きながら心が血だらけになっています……。

健康第一で食事をする習慣ができている方々は、健康に良さそうであればそれで十分なのですが、そうではない方々は美味しさを味わえる短期的な利益と健康でいられるという長期的な利益の葛藤となります。こうなってしまうと長期的な利益は圧倒的に分が悪いです。それが人間というものだと思います。

だって、人間だもの。

ここで、それでは健康の大切さを謳って売ればいいのでは？　という発想もありますが、それでは短期的利益 vs 長期的利益という構図は変わっておらず、この勝負は厳しいのです。ですから、向かうべき先は、短期的利益も得られると思っていただけることです。

ということで、健康にいいのはもちろんのこと、健康を無視した他の料理と比べても遜色ないか、それ以上に美味しい！　と思える商品をつくることが、このお店がこの立地で勝っていく条件だと考えました。

　そうなると、薄味で作られていた商品ではなかなかうまくいかなかったのです。ということで、ターゲットは健康に気をつけている方だけでなく、そこまで気をつけてはいないけれど気にはなっている方まで広げるようにして、味を少ししっかり目にすることにしました。

　料理人の方は元々薄味好きだったので、一つ一つ作っていただき、味をチェックして、フィードバックして、その場で再調理して、これを繰り返すことによって味の調整を行いました。元々とてもセンスのある料理人の方だったので、こうして味を調整することで、見た目は華やか、食べても美味しく、健康にいいメニューを作ることができました。

　その結果、来店されるお客様の幅も広がり、集客数も増え、無事に健康食でありな

がら味でも選びたくなるお店となりました。

ターゲットの方々にとって美味しい味を作るということは、コンテンツのファンづくりの肝です。

味づくりに関するお話はこのくらいにして、もう一つ大切なのが見た目です。

美味しいという体験は実は深くて、それは味だけで決まるものではないのです。味に加えて香り、見た目、もっというと先入観なども関与して総合的に感じるものなのです。香りがよければより美味しそうに感じるというのは、容易に想像がつきますよね。この香りに加えて、見た目というのもとても大きく作用します。

例えば、イクラをこぼれるほどのせた丼とか、霜降りのお肉がレアに焼かれたステーキなど、見ただけで美味しそうだと思います。この美味しそうという気持ちが、「美味しく食べよう」というフィルターをつくるのです。

この「美味しく食べようフィルター」はとても大切です。某人気イタリアンレストランに勤めている私の友人は、

「長年料理の道でお客様に喜んでいただこうと追求して分かったことは、美味しい料理を作るのは当然だけれど、それは誰しもがクリアしていて、問題は美味しく食べよ

う と思っていただけるかどうかにある。食べる前が重要だということだ」

といっていました。美味しく食べようと思っているお客様とそう思っていないお客様では、同じ料理を出しても美味しいと感じる度合いが違うのだということでした。

美味しく食べようと思っていただくために大切なことは何かというと、それは料理の見た目、スタッフのコミュニケーション、内装、外装、世界観などです。誰が作るのかも大きく影響しますね。同じ料理でも、あの有名なシェフが作ったという前情報の有無で、美味しく感じる度合いが違ったりすると思います。料理を美味しく食べていただけるかどうかは、料理を食べる前から勝負が始まっているのです。

料理人や店のネームバリューという要素はさておき、外装、内装、スタッフのユニフォーム、メニュー表などで世界観をつくることや、食器や盛付で美味しそうな見た目を表現することは努力できますから、ここを丁寧にやることがとても大切です。

特に食器は、美味しく見えるようにするためにものすごく大きな力を発揮します。同じ料理でも、食器を変えるだけで単価を上げることができます。つまり満足度を上げることができるのです。

食事は単純に味のみが楽しみなのではないですから、食器がいいことによってさらにポジティブな感情を生み出すことができます。

これらも、料理をご提供することによって与えられる価値なのです。ですから、食器への投資は惜しまない方がいいと思います。

そして食器、盛付を駆使して売れる商品をつくるために欠かせないことが、「映え」です。これは言わずもがなだとは思いますが、とても大切なことなので、私なりの見解を書いていこうと思います。

「映え」と一言でいっても、これもそう単純ではありません。

まず大切なことは、ターゲットの方々に刺さっているかということです。

自分にとってではなく、ターゲットの方々にとって「映え」であることです。

例えば「豚バラ肉の爆盛り丼」があったとしたら、とにかく味が濃くて脂っこくてジャンクなものをお腹いっぱい食べたいというターゲットの方々にとっては、この上ない「映え」ですよね。しかし、健康志向で脂肪分は極力控えめにするか良質な油だけにしたいと思っていて、一回の食事ではできるだけ多くの栄養を摂りたいと考えているような女性にとっては、映えでもなんでもなく凶器でしかないですね。

このように、何が効果的な「映え」なのかも、ターゲットの方々によって変わります。

例えば前述の白い担々麺ですが、これはまさに「映え」のメニューです。

20～30代を中心にした男女で、いわゆる町中華のような大衆的な中華でも、中華レストランのような高級な中華でもなく、ちょっとイケてる感じで面白い中華があったら行きたいと思う、何か面白さのある店があったら友達に口コミしたりSNSでシェアしたくなる、といった方々をターゲットにしていたので、そんな方々にとって興味をひかれるような商品にしようという意図から生まれました。

この店では他にも、タワーのように盛られたポテトサラダがあったり、ニラ玉も面白いです。本来は卵と具材を一緒に絡めてふわとろ卵にニラが交ざり合っている感じになるかと思いますが、この店ではニラやお肉などを先に炒めて、その上に薄焼きの卵焼きをのせるようにしています。上から見ると卵しか見えない。だけど切ってみると下から具材が出てくるといった商品です。

ちょっとしたことなのですが、少し工夫することでお客様にとって想定外をつくり出すことができ、それが面白さを生み出すことに繋がります。

タワーのように
盛り付けた
ポテトサラダ

切って
びっくり、
ニラ玉

のです。

「映え」をつくり出すために大切な要素の一つは、この、想定外をつくり出すことなのです。

例えば色とりどりの野菜が盛られたバーニャカウダを、街中の飲食店の看板でよく見かけます。色合いがとてもオシャレで色の配置もバランスが良く、とても華やかな写真です。ただ、このような盛り付けはもう見慣れているお客様が多く、それでは興味は湧かないということに繋がります。

このケースは、コンサルティングをしていても本当によく見かけます。見た目を良くしようという想いは間違いないのですが、お客様の立場に立ったときに本当に目を引くか、本当に興味深いかという観点の考慮が抜け落ちています。

自分ではなくターゲットの方々にとってどうなのかが重要ですし、その方々が店を選ぼうとしている段階の気持ちやなんとなくネットの情報を見ている段階の気持ちを想像して、その状況、その気持ちで興味深いかということを考える必要があります。

その気持ちになって考えたときに、「これは思わず興味を持つだろう」と思えるような見た目を実現する必要があるのです。例えば私がお手伝いさせていただいた広尾のガレットのお店は、ガレット屋さんとしてすでにオープンしていて、今ひとつ手応えが悪いので思い切ってコンサルタントを入れて商品を見直したいというご要望でした。

そこで現在のメニューを見せていただいたところ、オシャレで綺麗に盛り付けられていて、元来シンプルなビジュアルのガレットとして、悪くはなかったです。

ただ、他のガレットと比べて遜色ないとしても、それだけで、わざわざ広尾までそのガレットを食べに行くか、食べたお客様がリピートしたくなるか、周りにシェアしたくなるかというと、厳しいものがあります。

大きな繁華街のど真ん中などに出店していて、店の前を通りかかる人が時間当たり数千人いるような状況、そんな立地であれば集客は見込めるかもしれません。

ですが、そのお店は広尾という小さな街の、さらに路地裏をだいぶ歩いたところにありました。それでは店の前を通る人の数なんてたかが知れていますから、コンセプトや商品力によって目的来店を取っていく必要があります。そうなると、一般的なガレットと遜色ないレベルでは歯が立ちません。ですから、このお店の商品開発では特に「映え」を意識しました。

本来は生地を楽しむのがガレットで、せいぜいベーコンや卵がのっている程度ですが、その基本概念を壊して、超具沢山モリモリのガレットを開発することにしました。ガレットという食べ物は、日本でさほど地位を確立しておらず、正直よく分かっていないという方も多いのが現状です。

ですから、世の中の人々の中に、「ガレットとはこうあるべきだ」とか、「ガレットは生地を味わってなんぼだ」といった強烈な固定概念もないのです。こういった強い固定概念がある場合は、それを壊すような商品は「イチかバチか」なところがあって怖さも大きいのですが、ないのであれば壊すもなにもなく、自由に作れるということになります。

つまり一般的なガレットとは全く異なることをやっても、固定概念によってお客様から排除されてしまうということが起きにくいのです。

ということで、超具沢山モリモリのガレットを作ることにしました。もはやガレットの生地は端っこしか見えません。サーモンとアボカドや、低温調理したチキン、生ハムなどそれぞれのメニューの具材がこれでもかというくらいのっています。また、オーガニックや健康をテーマにして、具材がモリモリなのですが、食べることによって様々な栄養がバランスよく摂れるように設計しました。

もちろん、その分販売価格も上がってしまうわけですが、これもターゲットの方々の立場に立って考えることが大切ですね。

広尾という場所柄、安さが選択の主な基準というお客様ではなく、価値ありと感じるかどうかで選ぶお客様をターゲットとしていたので、販売価格を抑えてその分商品レベルも下げてしまうより、多少販売価格が上がってもお客様にとって満足度の高いものを提供しようと考えました。

具材がモリモリで見た目にインパクトがあって、さらに健康にものすごくいい。そんな食べ物があったら行きたくなるのではないかと考えました。先ほども書きましたが、ガレットという食べ物はさほど地位を確立しておらず、「どこかでガレットを食べたいな」というお客様がそれほど多くはいないだろうということも考えました。ガレットという食べ物がファンをたくさん抱えていて「どこかでガレットを食べたいな」と思うお客様が多いのであれば、そのときに選んでもらえるにはどうすればいいかを考えることが大切で、その場合の比較対象は他のガレット屋さんになります。

ですが、実際はそう思うお客様が多くない食べ物なので、そうなるともっと範囲を広げて、「何か身体にいいものを食べたいな」とか「何かヘルシーなんだけど満足度の高いものを食べたいな」といった心境のお客様を想定し、そのときに選ばれることを考える必要があります。

そうなると、比較対象はガレット屋さんに限らず近年増えているサラダ専門店や、フォーなどを出すアジア料理の店など、範囲が広がりますね。そういった世の中のお店や商品と比較したときに、「これは食べてみたい！」となる必要があるわけです。

そういう視点で商品開発をしたので、ガレット以外の身体にいい商品やヘルシーな商品を含めても興味深いと思えるくらいのビジュアル、量的に満足できそうなボリュームで、身体にいかにいいのかも分かりやすく情報発信するようにしました。

立地の問題もあり最初は苦戦しましたが、このビジュアルと美味しさと健康にいいことが伝わっていけば、絶対に人気になるという確信がありました。

現在では認知が徐々に広がってきたようで、連日新しいお客様もいらっしゃって、常連のお客様も増えてきています。

「映え」に
こだわった
ガレット

そしてもう一つ、「映え」をつくる上で大切なことは、撮った後にお客様がどうするかを考えるということです。お客様が撮って終わりではそのお客様の想い出には刻まれていますが、そのお客様の周りの方々へは情報は伝搬していきません。それではもったいないですよね。お客様自身にも当然お喜びいただきたいですし、さらに周りにも情報が拡散していくと最高ですね。ですから、撮って終わりではなく思わず拡散したくなるほどの「映え」が、目指すべきレベルです。

そのために役に立つ手法の一つが、お客様の前で何かしらのアクションを起こして仕上げるというスタイルです。SNSが普及し、さらに5Gになって画像ではなく動画を扱うお客様が増えています。

ということは、「映え」の表現も画像だけではなく動画に対応することが重要ですし、そうすればもっと魅力的な情報を拡散することが可能になります。

実際の美味しさを画像や動画で伝えることは不可能ですが、美味しそうだと伝えることは可能です。動画を用いると、それをさらに伝えることができます。そこで有効なのが、お客様の前で商品を仕上げるという手法です。

よく目にするものとしては、お客様の目の前でパルメザンチーズを削ってかけるとか、ラクレットチーズを溶かしてかけるとか、イクラを目の前でストップというまでかけるとか、そういったものがあります。

これらの商品の「映え」は、本当にパワフルです。

とはいえ、スタッフが提供に費やす時間が長くなるので、多くの商品をこのスタイルにしてしまうと墓穴を掘るのですが、一つの商品や一部の商品をこのスタイルにすると、とても効果を発揮すると思います。

このような商品をご提供する際は、これから「映え」の時間が来ること、動画を撮る準備をするといいことをお客様に事前にお伝えして、お客様の準備ができてからアクションすることが大切です。

せっかくの動画撮影チャンスなのに提供からそのまま流れるようにサラサラと進めてしまうスタッフの方を見かけますが、これは本当にもったいないです。

ちゃんとお客様に準備する機会を提供して、しっかり動画で撮っていただきましょう。

私がお手伝いさせていただいた大阪のシーシャBARがあるのですが、そこでは料理も提供していて、カルボナーラを瞬間燻製するメニューを出しています。カルボナーラを頼むと何やら透明のドーム型の蓋がついた状態で商品が到着して、中は煙のようなものが充満しています。そうするとスタッフがそのドーム型の蓋を持ち上げて、中の煙が空気中に逃げていき、カルボナーラが現れるというものです。他の店でもたまに見かける瞬間燻製という手法です。

カルボナーラは元々炭鉱で働く方々の間で食べられていた料理で、炭鉱の炭に見立ててブラックペッパーがかけられているそうです。カルボナーラという言葉の語源も「炭」「石炭」を意味するイタリア語のカルボーネから来ているといわれていますが、そんなカルボナーラの背景について知らない方が多いので、そんな想いも込めて、カルボナーラを瞬間燻製したものをこのお店では出すことにしました。

煙で覆われた状態の商品が、蓋を開けることによって姿を表すという変化は動画を撮るのに相応しく、多くの方が撮影されます。そしてこのカルボナーラは本当に美味しい。

演出も面白くて味も絶品となると、お客様が後日周りの人に話しているだろうことは容易に想像がつきます。

この効果的な「映え」の要素はどうやったら思いつくのかですが、それはシンプル

瞬間燻製する
カルボナーラ

です。真似してしまえばいいのです。味づくりに関してもいえることなのですが、すでにウケている商品を真似ればいいのです。ただし、前述の通り、一時的な流行ではなく、ウケ続けている商品を真似ましょう。例えばお手伝いさせていただいた港区のお店の白い担々麺は、前述の通り渋谷区のうどん屋さんの商品、同店の、先ほどサラッとご紹介したタワーのように盛られたポテトサラダは、京都にあるクラフトビールのお店に行ったときに出てきたメニューを手本としています。

卵焼きで隠したニラ玉は、愛知県の町中華のお店で長く愛されているメニュー、その他海老マヨなどは、某超有名中華レストランの味付けを真似させていただいています。

また、塩辛にラー油を混ぜた前菜メニューがあり、これが絶品なのですが、これも友人から聞いた情報を元にしています。

こうして全国各地の映える見た目や愛されている味を集結させることによって、人気商品をたくさん抱える面白い店をつくることができました。このお店はコロナ禍にオープンしたにもかかわらず、リニューアル前の何倍もの売上をあっという間に達成し、開店一年目にして某有名雑誌の２０２３年注目のお店に選出されました。

この原稿を書いている時点で、週末の予定は一ヶ月先くらいまで埋まっていて、連日満席になるような大繁盛店となっています。

繰り返しになりますが、このお店の料理長は元看護師でまともに飲食店で修業したことのない方です。もちろん彼の並々ならぬ努力によって実現できたわけですが、長年の修業を積まなければ繁盛店はつくれないという固定概念は、壊すことができたと思っています。

どんな道にも基礎や基本は存在していて、それはとても重要なことだと私も思います。ですが、その道で成功している人、成功している店、成功している商品を徹底的に真似ることで、再現する過程で学び、気づき、身につけていくことが、とても効果的な方法だと思います。

うまくいっているものを真似ているので何をどうすればいいか具体的に分かるし、手応えも得やすく、その過程で基礎も身につけていける、一石三鳥です。

繁盛店のつくり方 02

- コンテンツのファンづくりをする。
- 美味しさは外せないことと、「映え」を大事にする。

04

How to create a prosperous store starting from scratch.

人のファンづくり

三つのファンづくりの三つ目は、「人のファンづくり」です。

コンセプトやコンテンツで興味深い店をつくってまずは来店いただくのですが、そこで何を体験したかによって、リピートするか、人に話すかが決まってきます。

そこで大切になってくるのが、人のファンづくり。

魅力のある接客ができるかどうかです。

「いいな」と感じた店は、また行きたくなる。これはほとんどの人が共感することだと思います。逆にコンセプトや料理がよかったとしても、接客がかなり悪かったら、もう二度と行かないという方も多いのではないでしょうか。

よくも悪くもなければ、二度と行かないというようなマイナス採点は免れるかもしれないですが、逆によい接客だった場合はリピートの可能性は間違いなく上がります。

ただ、ここでも重要なのは、相手によって「よい接客」というのは違うということです。ターゲットの方々にとって、どんな接客ならよい接客なのだろうかと考えて、それを実行する必要があります。

私はメンターのKさんからずっと、

「人で選ばれる人になりなさい」

と言われて学んできました。

例えば、同じ会社で同じものを売っている営業マンの成績はみんな同じなのかというと、天と地ほどの差がつきます。商品、サービス、会社の看板は同じですから、違うのは〈人〉だけですね。

それほど、人は何かを選ぶときに人を重要視しているということです。

それは、飲食店を選ぶときも同じです。

もちろん、より美味しいものを食べに行きたいと思っているわけですが、それに負けず劣らず選択の基準になっているのが人です。

あの人、またはあの人たちに会いたいからあの店に行こう。そんな理由でお店を選ぶことも多々あるのです。コンセプトは変わらないものですし、コンテンツにあたる料理もコロコロ変わるわけではありません。そのお店の料理は全部食べ尽くしたという状態でも、同じ店に通う方はたくさんいらっしゃいます。

それは、人に会いに行っているのです。

それくらい、人のファンづくりというのは、飲食店の経営において重要なものとなっています。

ここでお話ししておきたいのが、どんな接客がファンをつくるのか、ということです。

一つは、お客様を一人の人として接客をすることと、自分も一人の人間として接客をするということ。

お客様を「お客様」という属性で見て接するのではなく、「○○さん」という個人と見て接するということです。実際に名前は分からなくても、「お客様」という括りで見ているのかその人個人と思って見ているのかでは、お客様の感じ方が違うのです。

お客様という属性だけを見て接している場合は、お客様の立場に立つと、自分のことを見てくれているようで見てくれていない感覚になります。

逆に個人として見て接している場合は、自分のことを見てくれている感覚になります。

人は、常に自分の居場所を求めています。

人には群居本能（群れをなして生きようとする）というものがあるそうですが、原始時代から生活は大きく変化し、現在は実際に群れをなして生活することはなくなっています。

ただ、その本能は残っていて、心のつながりを感じられている状態を好むということです。

後者の個人としての接客は、お客様側の立場に立つと、自分の存在を認められている感じがするのです。

そのスタッフの方から認められている感覚を覚えますし、行くたびにどのスタッフからも同様のものを感じるとなると、今度はその店というコミュニティに入れてもらえた感覚になります。つまり、その店が居場所になるのです。

これは、ものすごく大切なことです。

お客様が〈居場所〉と思えるような店にするためには、お客様一人一人を、その人個人として見て接客すること、そしてもう一つ、お客様にとって想定外の体験をご提供しましょう。

私はコンサルティングをするときに、

「本当によい接客をしていたら単価は必ず上がる」

と、お伝えしています。

お客様の御用聞きをしているだけでは、よい接客とは呼べません。これはよく陥りがちなことなのですが、呼ばれたらいち早く駆けつけて、丁寧な言葉遣いで対応して、テキパキと動く。それができていたらよい接客ができていると考える方が多いです。もちろんそれは素晴らしいことなのですが、私はさらに上乗せするべきことがあると思っています。

それは、お客様が想定していない体験をご提供するということです。

お客様はメニュー表を見て、文字情報や写真などから料理や飲み物を選択します。事前にネットで情報収集される方もいらっしゃると思います。

一方で、そのお店がご提供できる価値は何なのかというと、料理、ドリンク、接客、様々なものがあると思いますが、お客様はメニュー表やネットの情報だけで、その全ての価値を知ることはできないのです。

ただ受け身で待っていて、メニュー表やネットの情報で知り得る中でお客様が自力で情報収集し、何を頼むかを選択して、それを提供するためにスタッフがいるというだけでは、もったいないですよね。

スタッフはその店のプロなので、その店が提供できる価値を熟知しているわけです。とはいえ、お客様お一人ずつに十分な時間を割くことは人件費の観点からも難しいので、メニュー表などでできる限り価値をお伝えする努力はするのですが、それで完全に伝えられるということは絶対にありません。

伝えきれていない価値を伝え、お客様の想定以上の価値を提供するのがよい接客だと私は考えています。

ですから、仮にその接客をせずにメニュー表やネットの情報だけで、お客様の選択にお任せした場合の接客と比べたら、よりその店の価値を提供できるはずですし、それが果たせたなら、単価は上がるはずということです。

具体的には、ぜひ食べていただきたい料理・飲み物をお伝えするとか、時間が許す限りお客様とのコミュニケーションを図って、「もう一杯いかがですか」と促してみたりするということです。

この話をすると、どこか押しつけがましい感じになって、お客様がいい顔をされないのではないかと懸念される方が多いのですが、それはスタッフの接客スキル次第なのです。

ここで大切なのは、この店にいらっしゃって過ごしているこの機会を最大限楽しんでもらいたい、ハッピーに過ごしてもらいたいという心からの想いでお客様に接するということです。

旅行中に立ち寄られたお客様で、もう次に来られるのはいつなのか分からないとしたら、「ぜひこれは食べて帰ってもらいたい！」とか、「ぜひ飲んでほしい！」と思いますよね。お客様が楽しんでおられるなら、「もう一杯いっちゃいましょう！」といいたくなりますよね。

この接客スキルが大切なのです。この時間を最大限楽しんでいただいて、「出せるものは全て出し尽くしました！　もう思い残すことはありません！」といえる接客をすることです。

そんな接客をしたら、絶対に単価は上がります。

私が直接接客したら、その店の平均単価より高い単価を上げる自信があります。

この〈ファンをつくれる接客〉については、前提や考え方的なところで、コンサルティングをしていてもなかなか伝わりづらい部分ではあるのですが、ここがしっかりできるようになったお店は、確実に繁盛すると思います。

私も様々なお店に食べに行きますが、ここがしっかりできているお店は多くないと感じています。そして、できているお店には繰り返し通ってしまいます。

「あそこに行けば、何か面白いことが起きるかもしれない！」という期待感がありま す。ただ自分で選んで注文して食べて飲んで帰る、スタッフは自分が注文したものをただ持ってくるだけという店では、たとえ感じのいい接客をしていただいたとしてもひと味足りません。

また何か面白いものを提案してもらえるかもしれないとか、スタッフが積極的にコミュニケーションを取りに来てくれて何か読めない展開があるかもしれないと思うと、その体験を買いに行きたくなるのです。

ですから、お客様の想定外の体験をご提供するということが、ファンづくりに繋がっているのです。

この接客については、自分の店と似た条件で、よい接客ができている店を真似るといいと思います。

百聞は一見にしかずです。

繁盛店のつくり方 03

・人のファンづくりをする。
・個人として見て接客する。
・最大限楽しんでいただくことを考える。
・店が提供できる価値を伝えきる。

05
How to create a prosperous store starting from scratch.

マーケティングを徹底的に行う

ここまで繰り返しお伝えしてきたように、ターゲットの方々にとって「価値あり」と思われる店づくりを目指しましょう。

ターゲットの方々は、飲食店にどんなことを求めているのか、どんなことを期待しているのか、そこを掴むことが大切です。

また、長く繁盛している店や売れている商品について、その店のどんな要素が繁盛している要因なのか、その商品のどんな要素がよく売れているポイントなのかを勉強することも大切です。

私は、マーケティング戦略のスペシャリストだと自負しています。

大手のマーケティング戦略の企業などで働いたことはないので、専門用語には詳しくないですし、王道の手法なども分かりません。ですが、人が飲食に何を求めているのか、期待しているのか、どんなニーズに訴求していくのか、どんな店をつくればそのニーズに訴求していけるのかを考えることができていると思います。

私は、「飲食の世界はブルーオーシャンだ」とよくいっています。

これをいうと、大抵の方は私のことを笑います。飲食の世界はどう見てもレッドオーシャンだと。飲食店の数という点だけを取り上げると、確かに飲食店は星の数ほどあります。

ただ、同時に需要もものすごく多いです。

食事をすることは生きる上で切っても切り離せないものですし、美味しいものを食べたいという欲求は、多くの方が永遠に持っているニーズです。

そのとんでもない規模のマーケットに対して、私の個人的な意見として、マーケティングを徹底的に行っている店は少ないという印象を持っています。

私がブルーオーシャンだといっている理由はここです。

競合店の多い飲食業界ですが、マーケティングを徹底的に行って店づくりをすれば、誰にでも本当に大きな成功が掴める可能性があると思っています。

韓国の有名な『梨泰院クラス』というドラマでも、「成功のカギはマーケティングだ」

という台詞が出てきます。

自分がやっている店、もしくは自分がやろうとしている店は主に誰を相手にするのか、その方々はどんなことを求めているのか、どんなことをよしとするのか、同時に、自分はどんな価値を提供していきたいのか、この両面が交わる答えを見つけていく作業がとても大切なのです。

自分が提供していきたい価値を、ただ押しつけていてもうまくはいきません。

知れば知るほど面白さが増していく店は、どんどんリピーターを増やして年月とともに繁盛していきます。ですが、ただ求められていることを満たそうとしているだけの店は、知れば知るほど飽きてきます。

求めていることを満たすことと自分が提供していきたい価値が交わる答えを見つけ出していくこと、その答えを店を通じて表現していくことが大切です。

私は、繁盛している店に行くとワクワクします。

それは、この店はどんなニーズに訴求しているから繁盛しているのか、この店が提供していきたい価値は何なのか、ここを考えることが面白くて仕方ないからです。

繁盛しているという結果がそこにあるということは、必ずその理由があるわけです。

例えば、最近は入口が分かりにくい飲食店がものすごく増えています。

「オフィス」と手書きで書かれた古びた鉄の扉を開けるとバルになっているとか、マンションの一室で表札のある普通の家のような扉を開けると中華の店になっているとか、コインロッカーだと思いきや実は扉になっていて開けるとＢＡＲになっているとか、ホームページである操作をすると予約できるＢＡＲとか、中には業務用冷蔵庫を開けると実は店になっているというところまであります。

このような店が繁盛している理由は何でしょうか。

どんなニーズに訴求しているのでしょうか。

私の見解としては、多くの人が知らないことを自分は知っているというところに、自分は特別であるという承認欲求が重なっているのではないかと思います。

私も、入口がコインロッカーの店に入るときはワクワクしましたし、連れて行った女の子にどや顔したのを覚えています。

ちなみにこのような店は、ある程度増えすぎてしまうと、一気に価値が下がってしまいます。そこに店があることを多くの人が知らないかもしれないですが、「変わった入口の店ってよくあるよね」となってしまうと、自分でも特別感を感じにくくなりますし、人を連れていっても驚きが減ってしまいます。

このように、ニーズの内容によっては他になかなかないことがお客様にとって新鮮な体験となり、溢れかえってしまうと価値が下がってしまうということがあります。

大流行した商品や急激に店舗展開した店の人気が長続きしないのは、このような理由からかもしれません。

ニーズの例は挙げ出すとキリがないのでこのくらいにしますが、自分が店を出す際にはどのようなニーズに訴求する店にするのかということを、徹底的に考えて定めることが大切です。

私がお手伝いさせていただいたお店では、どのようなニーズに訴求するのかを深く考えられていない店や、様々なニーズを思いつきで取りに行ってしまってコンセプトや世界観がバラバラになっている店がよくあります。

マーケティングという言葉は知っていて、それが大事だということも頭にはあるけれど、どういうことなのかを掴めていないことが多いです。

本当にお客様のニーズをうまく掴んでしっかり的に当てている店というのは、とても少ないように感じます。

結果的に当たっているというお店はありますが、狙ってしっかり当てているように見えるお店は、なかなか見かけません。
それくらい、マーケティングというものは難しいのだと思います。

繁盛店のつくり方
04

マーケティングを徹底的に行い、ターゲットの方々のニーズに的確に訴求する。

06
How to create a prosperous store starting from scratch.

真似をしてアレンジを加える

主にメニュー開発にいえることですが、本書のテーマの通り、真似ることによって人気商品を生み出すことが可能となります。

ただ、真似をしてそのまま出すのではなく、そこからアレンジを加えて進化させることが大切です。そうすることによって、新たな人気商品を生み出すことができます。

そうなると、どこをアレンジするのか、逆にいうとどこをアレンジしないのかということがポイントになってきます。

いわずもがなとは思いますが念のためお伝えすると、人気になっている核となる要素は変えてはいけません。それ以外の部分をアレンジします。

例えば、真っ白い担々麺の元になっている真っ白いカレーうどんは、どこが人気の核となる要素なのでしょうか。

まず、真っ白いムースが上にのっていて、カレーうどんが完全に覆い隠されているというビジュアルがポイントですね。

カレーうどんといえば誰もが茶色いカレースープにうどんが浸かっている画を想像するのに、真っ白い何かで覆われているというのは、完全に予想外で興味をそそられます。味に関しては、ふわふわした食感と、下のカレースープのスパイシーさとムースのまろやかさの絶妙な融合がウケていると個人的には考えています。

この要素を変えずに中華にするにはどうすればいいかと考えて、白い担々麵が生まれました。

真っ白いムースが上にのっていて完全に覆い隠されていること、ふわふわした食感にすること、下の担々麵のスパイシーさとムースのまろやかさがうまく融合すること、これが達成できていれば、人気商品になる可能性が高いわけです。

とはいえ開発は一筋縄ではいかず、苦労しました。

まず肝心の白いムースがうまくできない。レシピを変えてみたり、泡立て方を変えてみたり、温度を変えてみたり、既製品を使ってみたり、いろいろと試しましたが、なかなかうまくいかない。試しては作り直し、試しては作り直し、もう無理なんじゃないかと諦めたくもなるくらいでしたが、人気商品を産み出すには、こうした産みの苦しみを乗り越える必要があるものです。

ここで諦めて妥協してしまうのか、なんとしてもこだわって実現するのか、大きな分かれ道です。

私がお手伝いさせていただく場合、特に人気商品の開発にはこだわるので、こういった難局に出くわした際は、「絶対に乗り越えましょう」と伝えています。

そして、一度として諦めたことはありません。

こだわり続けると、解決策は必ず見つかるものです。真っ白いムースも最終的には解決策を見つけることができて、そのときの喜びはひとしおでした。

次は担々麺との味の融合です。これがまた難しかった。胡麻味噌の担々麺をベースにしているので、担々麺だけでもある程度濃厚さや重さがあります。そこにムースが加わって、クドくなってはいけない。最初に作ったときはクドすぎ・重すぎで、とても美味しいと思えるものではありませんでした。

せっかくムースができても、肝心の担々麺とマッチしない。これまた暗雲が立ち込めました。これなら、担々麺をそのまま食べる方が美味しい。人気商品になるためのポイントが美味しさを奪っている。それでは意味がありません。

美味しさも、感動的でなければならない。

ビジュアルは印象的で味はそこそこという商品をたまに見かけますが、それは嫌なのです。

ビジュアルはきっかけであり、美味しさで喜びを与えることが一番の肝であることを、飲食に携わる人間として絶対に忘れてはならないと考えています。

ですから、白いムースと担々麺が見事に融合するまで、何度も何度も、試作を重ねました。そうして、やっとのことで白い担々麺が生まれたのです。

人気商品を作るときは、「これは絶対に食べてもらいたい」と心から思えるレベルでなければダメです。そのくらい真心を込めて、こだわり抜いて作ってください。

ニラ玉も面白いという話をしたと思いますが、卵焼きで覆い隠しているビジュアルが人気になっている要素なので、そこを残して下の肉野菜炒めをアレンジすることにしました。

卵と肉野菜炒めは、味が合わないわけはないのでそこは問題なく、同じように卵焼きで覆い隠されたビジュアルの再現さえできれば完成でした。

こちらは白い担々麺と違い、さほど苦労することなく実現することができました。卵を混ぜずに別で焼いて上からのせただけですが、こんな簡単なことでニラ玉というどこにでも溢れかえっているメニューを人気商品に変化させることができるわけです。既知のビジュアルと違うこと、インパクトがあること、こんなちょっとした工夫が大きな違いを生むのです。こういうところも飲食の面白いところです。

全く新しい料理を作る必要はありません。

最前線の和食やフレンチではそういったところを追求されている方々も多いと思いますが、それ以外では、すでにあるものをちょっと変えるだけでも十分なのです。既存の人気商品を真似してもいい。これなら、人気商品を作り出すハードルがかなり下がりますよね。

私のラーメン屋に日本酒とのペアリングを入れたのは、お伝えした通りイタリアンのコース料理のペアリングを真似てのことです。

では、イタリアンのコース料理のペアリングが喜ばれているのはなぜでしょうか。

料理とワインの味や香りがマッチしていて美味しいからというのは当然あります

ね。ではそれだけでしょうか。

私は、正直なところワインの味や料理とのマリアージュはそこまで細かく分かっているわけではなくて、味を感じる粒度《りゅうど》もそんなに細かくない、でもそれが弱みではなく強みだと思っています。

私の何倍も細かい粒度で味の分析ができる方が私の周りにも多くいますが、逆に味を見るときに考えすぎてしまう傾向があります。

ものすごく細かく分析して考えるのですが、実際に食べるときは、そんなに細かく味を探しながら食べるお客様なんてほとんどいません。そのレベルの感覚で美味しいかどうかの方が大事だったりします。

ものすごく細かい粒度で味を探して食べれば美味しい、でも大雑把に口に放り込んで食べたらなんだかよく分からない、それでは結局売れないのです。

話を戻しますが、必ずしも料理とワインの味や香りがマッチしていることだけがペアリングの価値ではなく、もう一つあると思うのです。

それは、プロのセレクトということです。

料理とワインのプロフェッショナルが、さらにいうとその料理を生み出した人間が選び、「間違いない」と思う組み合わせがあるのなら、そこに価値を感じて、試してみたいと思うのではないでしょうか。

それを、ラーメンと日本酒のペアリングにも当てはめました。

味や香りがマッチしていることと、ラーメンの味を作っている人間が選んだ組み合わせということが重要なのです。

料理がイタリアンからラーメンに変わり、飲み物がワインから日本酒に変わっても、人気になっている要素は抜けていないので成立します。

ただし、イタリアンと決定的に違うところがあります。それは、イタリアンではほとんどの店が定期的にコース料理を変えているという点です。ですから、ペアリングするワインも変わりますし、新たな組み合わせが常に生まれ続けることになります。

ですが、ラーメンは、特にグランドメニューに関しては、基本的にずっと変わりません。そうなると、いつも同じ日本酒をペアリングしていては飽きてしまいます。

それでは、楽しくて興味深いのは最初だけになってしまう。

この問題をクリアするために、日本酒を定期的に変えて新たなマリアージュを楽しめるようにしました。

日本酒は様々な銘柄がありますし、仕込み方などを変えてみることによって、同じ銘柄でも季節ごとなどで違ったものが出回ります。ですから、ラーメンは変わらなくても日本酒の方を変え続けることによって、半永久的に新たなマリアージュをお楽しみいただくことができます。

私の店では、一週間から二週間くらいで日本酒が入れ替わります。私自身も新たに仕入れた日本酒を味わうのが楽しみですし、ラーメンとのマリアージュも常に楽しんでいます。

ラーメンの新しい楽しみ方として、私の店を真似する店が現れて、日本酒に限らずラーメンと合うお酒をお店側からペアリングとして推奨する店が増えれば、お客様が、よりラーメンを楽しむことができて、嬉しい限りだと思っています。

真似することは、人気商品を生み出す上で開発しやすいという利点がありますが、それ以外にも重要なポイントがあります。

それは、「すでに人気のある何かに似ていること」です。人気になっているものにはその理由となる要素が必ずあって、その要素を持った別のものをつくることで同じように人気になるものをつくり出せるということです。

世の中にまだない商品に新たな人気の要素を生み出そうとするのは、大変リスキーだと思います。人はよく分からないものにはなかなか飛びつきません。

仮に人気になる要素を持ち合わせていたとしても、全く新しいものに未知数でありながら飛びつくのはいわゆるイノベーターといわれる方々で、ほんの一握りです。

そしてイノベーターにウケたらアーリーアダプターが興味を持ち始める。

アーリーアダプターにウケてしばらく経つと、やっとアーリーマジョリティが興味を持つ。そしてレイトマジョリティがそれを見て、やっと重い腰を上げる。

このアーリーマジョリティとレイトマジョリティが圧倒的に人数が多いので、ここまで伝わって初めて人気商品となっていきます。これでは遅すぎるのです。

ところが、すでに人気のある何かに似ていると、レイトマジョリティまでの人たちがすぐに飛びつくということなのです。この差は大きいです。

お客様は、常に自分の中にある新たなニーズを発見して掘り起こしてほしいと思っているわけではありません。むしろ、すでに持っているニーズを満たしてくれる新しい何かを求めているのです。

ですから、すでに人気のある何かに似ているということは、人気になりやすいですし、それが求められているのです。

繁盛店のつくり方 05

・人気商品を真似して人気の原因となっている要素を残しながら他の部分をアレンジすることで、新たな人気商品を開発する。
・すでに人気のある何かに似ているということは重要。

07
How to create a prosperous store starting from scratch.

価値観で繋がったチームをつくる

これまで、お店づくりやお客様に対するマーケティング、接客などについてのポイントを書いてきましたが、最後に、働く人にフォーカスをしたことに触れていこうと思います。

私が繁盛店をつくるためにものすごく重要だと思っているのは、いいチームで運営するということです。

働いている人が働く意義を感じ、やりがいを感じ、楽しんでいて、いい価値観を持っていて、一丸となっていると、お店はとても活気づきますし、必ずいい方向に向かっていきます。逆に嫌々仕事をしている人がいたり、ただ給料を稼ぐためにこなしているだけの人がいたり、楽しくないと思っていたり、各々がバラバラに仕事をしていて一丸となっていなかったりすると、いいコンセプト、いい料理や飲み物があったとしてもうまくいきません。

私のメンターのKさんは、チームづくり＝チームビルディングのスペシャリストです。

「事業は人次第」と常におっしゃっていて、チームビルディングの重要性をずっと教えていただいています。

私が大事にしていることは、価値観で繋がったチームをつくるということです。

共通の価値観を持っているので、リーダーが大事だと思うことと、その他スタッフが大事だと思うことが一致しています。

それを実現するための方法論は様々なので、やり方についていろんな意見が飛び交うことはあっても、何を大事にするのかについては一致しているということです。

これがものすごく重要なのです。

仮に能力が高くても、価値観が合わなければその人とは組みません。

たまに飲食のチームビルディングで見かけるのが、店のコンセプトや料理を実現するために特定の料理技術を持った人材が必要で、その点だけを見て組んでしまい、価値観が全く合っていないというケースです。

これをしてしまうと、何が起きると思いますか？

その店のコンセプトや料理を実現するには、その料理技術を持った人が必要不可欠となりますから、その人に辞められては困ってしまいます。

そうなると、その人の考えを正解としていかなければならなくなり、リーダーとは違う価値観を受け入れなければならない。そのような状態が続くと、その人はどんどん幅を利かせるようになっていきます。そして「自分が正解だ」と言いたげな立ち居振る舞いで仕事をするようになっていき、そうなると必ず他のスタッフからクレームが出てきます。

でもその人に辞められると困るので、リーダーはクレームを受け止めながらも我慢してもらうことしかできなくなる。

そうすると、今度はスタッフの不満の矛先がリーダーに向いてきます。

こうなってしまっては、もうそのチームは壊滅的です。スタッフもやりがいを感じにくいでしょうから、次から次へと辞める人が出てきます。価値観の合わない一人の料理技術を取ったことにより、他の多くの大事な人を失ってしまうなんて、こんな悲しい話はないですよね。

ですから、飲食店のチームビルディングで一番大切にすることは、価値観の共有なのです。

ちなみに私の場合は、全力で打ち込む、それをするだけの頑張る理由を持つ、しっかり学ぶ、人を大事にするという価値観が合っている人と組むようにしています。

価値観が合っているチームをつくると、その威力は本当に目を見張るものがあります。

一人一人ストレスがなく、仕事が楽しく、やりがいを感じやすく、頑張りたくなります。そして、お互いへのリスペクトと感謝が生まれます。

そうなると、精一杯頑張っているので自負心が増して、さらにそんな素晴らしい仕事をすることでお互いへのリスペクトや感謝が増し、それを伝え合うのでさらに満たされて、さらに仕事に精が出てお互いに良い影響を与え合えます。そんなプラスのスパイラルが生まれます。

スタッフ一人一人が満たされていることが、接客でも声のエネルギーやトーン、笑顔や姿勢に表れてきます。そうすると喜ぶお客様が増えて、スタッフはさらにやりがいを感じて頑張りたくなります。もう最高な職場、最高な店ですね。

価値観で繋がったチームをつくるということは、繁盛店をつくるためにものすごく重要なのです。

店の料理や飲み物をつくり出す能力は足りているけれど、価値観は繋がっておらず一丸とはなっていない。こういう店が多いように感じます。

逆に大繁盛店のチームは、本当に価値観で繋がったチームになっていることがほとんどです。おそらくですが、そもそもそこに重点を置いて経営しているお店が少ないと思われます。もしくはチームビルディングの重要性は感じていながら、どうしたら価値観で繋がったチームをつくれるのかが分からない、または、主要メンバーが価値観で繋がらない主原因になっていて、どうにもつくり直すことが難しいといったことが起きていると思われます。

繁盛店をつくるためには、リーダーが素晴らしい価値観を持っていること、リーダーがその価値観を常に生きて発信していること、その価値観で繋がったチームをつくること、その価値観をチーム全員で生きた先に共通のビジョンがあること、リーダーがいつもそのビジョンを語っていること、絶対にビジョンが叶えられると信じていると断言していることが大切だと思います。

私がお手伝いさせていただいているお店のオーナーは、皆さま本当に尊敬に値する偉大なリーダーです。

繁盛店ばかりなのですが、それは私がコンセプトや世界観づくり、メニュー開発、接客などについてお手伝いさせていただいたことはもちろんありますが、何より素晴らしいリーダーの下、価値観で繋がった一丸となったチームになっていることが一番の要因だと思います。

このチームビルディングの重要性についてメンターから学ばせていただけたことは、私の今をつくる上でものすごく重要なことだったと思います。

外に分かりやすく見えるのは面白いコンセプトや美味しい料理、映える料理、雰囲気のある店舗デザイン、気持ちのいい接客だったりしますが、それが実現していて継続していて進化し続けているのであれば、それは価値観で繋がったチームがあってこそなのです。

いいチームがあってこそ、いい店があります。

繁盛店のつくり方 06

リーダーの価値観を明確に発信する。

おわりに

ここまで私の拙い文章をお読みいただき、心より感謝申し上げます。

また、執筆について挑戦するチャンスをいただき、様々なアドバイスをいただいた権藤優希さん、藤堂修さん、本当にありがとうございました。

・頭では分かっているけれど不安でなかなか行動に移せない
・ついつい先送りしてしまう
・何をやってもたいして続かず鳴かず飛ばずで終わってしまう

この全てが当てはまる凡人の私が人生を大きく変えることができたのは、

「真似ること」

のおかげです。

一人で始めようとしたものは、結局始められずに終わってしまったり、始めても続かないことばかりでした。

そんな私がビブグルマンを獲得することができ、飲食店のコンサルティングで次々と繁盛店をつくり出すことができたのです。

そんな奇跡を可能にしたのが、〈真似る〉ことです。


本書は、私が初めて書いた本です。

ビジネス書の書き方、作法も分からず、試行錯誤しながらここまで進んできました。その中で、自分の過去についてとてもたくさん振り返ることができ、自分の今をつくり出している要因を分析することができたのは、私にとってもとても大きな収穫だったと思います。

昔の自分のことを書きながら、つくづく自分は凡人だなと思います。そんな私が大きく人生を変えることができたのだから、誰でも可能だと、心底思っています。

変えるポイントさえ、掴めればいいのです。

メンターを持つことや真似るということは、最初の一歩を踏み出すきっかけと、やり抜けるだけの手応えを与えてくれて、全ての人に可能性をもたらすのだと思います。

初めての執筆活動は、難しくもありましたが、楽しかったです。

伝えたいことは、本書に全て盛り込みましたから、この本を読んだ方々が何かに挑戦するきっかけになったり、うまくいっていないものがうまくいくようになる解決に繋がれば幸いだと思います。


誰もが、一回しかない人生を生きています。

その人生が最高のものになってほしい、心からそう願っています。

思いきり正直に望んで、挑戦して、実現する人生を生きる、それこそが最高の人生です。

真似ることによってそれが可能になると、私は確信しています。

尊敬できるメンターを見つけ、仲間を見つけ、ぜひ挑戦の一歩・冒険の一歩を踏み出してください。

2023年8月

畠山　央至

著者紹介

畠山央至（はたけやま・ひさし）

株式会社ライフデザインワークス代表取締役、株式会社エンドレスジャーニー代表取締役
1980年、埼玉県越谷市生まれ。

2005年に千葉大学大学院を卒業し、大手IT企業へ就職。システムエンジニアとしてキャリアをスタートさせる。2013年末から飲食店経営に携わり、オムライス屋、イタリアンレストランなどの経営を経験。2020年10月にラーメン屋・麺屋彩《さ》音《いん》を開業。「ミシュランガイド東京 2022」でビブグルマンを獲得。2021年から飲食店のコンサルティングを本格的にスタートし、手がけた飲食店は開業間もなく有名雑誌に掲載され、都内の人気店に成長を遂げている。

「自分の可能性を信じる人で溢れる世の中にする」をモットーに飲食やビジネスに関する人材育成・コンサルティングを展開している。

「ラーメン×日本酒」の魅力を広め、より多くの人に喜んでもらいたいと、現在、世界を舞台にしての展開を計画中。

ゼロから始《はじ》める
繁盛店《はんじょうてん》のつくり方《かた》　〈検印省略〉

2023年 10 月 6 日 第 1 刷発行

著　者――畠山 央至（はたけやま・ひさし）
発行者――田賀井 弘毅
発行所――株式会社あさ出版
〒171-0022 東京都豊島区南池袋 2-9-9 第一池袋ホワイトビル 6F
電　話 03 (3983) 3225（販売）
03 (3983) 3227（編集）
F A X 03 (3983) 3226
U R L http://www.asa21.com/
E-mail info@asa21.com
印刷・製本 （株）シナノ

note http://note.com/asapublishing/
facebook http://www.facebook.com/asapublishing
twitter http://twitter.com/asapublishing

ISBN978-4-86667-488-9 C2034